本书是山西大学政治与公共管理学院优势特色重点学科建设专项研究项目和山西省软科学项目"中西部省份参与区域经济合作的差异化研究"(2015041003-1)的阶段成果。

政治与公共管理丛书
Politics and Public Administration Series

观念、利益和制度：
国内政治与中国对外经济政策

Ideas,
Interests and Institutions:
Domestic Politics and
Chinese Foreign
Economic Policies

柳　彦◎著

中央编译出版社
Central Compilation & Translation Press

目　录

序 …………………………………………………………………… 1

第一章　导　论 …………………………………………………… 1
一、问题的提出：中国对外经济政策的调整 ……………………… 2
二、国内政治缘何重要？ …………………………………………… 5
三、对外经济政策的国内政治研究文献综述 ……………………… 7
四、解释模型和行文安排 …………………………………………… 15
五、研究方法 ………………………………………………………… 22

第二章　中国对外经济政策：目标和工具 ……………………… 25
一、中国对外经济政策的战略目标 ………………………………… 26
二、中国对外经济战略的政策工具 ………………………………… 32
三、中国对外经济政策的历史演变 ………………………………… 39
本章小结 ……………………………………………………………… 48

第三章　观念：中国对外经济政策的来源 ……………………… 50
一、政策观念的来源和变化 ………………………………………… 51
二、观念影响政策的途径 …………………………………………… 63

三、观念变革与政策创新 ················· 72
　　本章小结 ····························· 79

第四章　社会联盟：对外经济政策的国内支持 ········· 81
　　一、对外经济政策的政治—社会学视角：社会联盟理论 ··· 82
　　二、20世纪80年代的社会联盟格局 ·············· 88
　　三、90年代的国内社会联盟格局 ··············· 94
　　四、21世纪初期的国内社会联盟格局 ············· 100
　　本章小结 ····························· 108

第五章　国内制度：对外经济政策的框架 ············ 110
　　一、国内制度及其分层 ···················· 111
　　二、制度变迁下的决策逻辑 ·················· 127
　　三、微观制度变迁与对外经济决策 ·············· 134
　　本章小结 ····························· 141

第六章　结语：国内政治与政策选择 ·············· 143
　　一、基本结论 ························· 144
　　二、创新和理论价值 ····················· 146
　　三、后续研究问题 ······················ 149

参考文献 ······························ 151

序

将国内政治与国际关系特别是对外政策分析结合起来，是一项十分重要的研究议程。在这方面，国外学术界特别是美国学术界已经出版了一系列优秀作品，产生一些具有较大影响的研究范式。其中国内学者熟悉的海伦·米尔纳的《利益、制度与信息：国内政治与国际关系》、莉萨·马丁的《民主国家的承诺：立法部门与国际合作》，以及罗纳德·罗戈夫斯基的《商业与联盟：贸易如何影响国内政治联盟》，就是其中的佼佼者；著名政治学家罗伯特·普特南创立的"双层博弈"理论，更是产生了广泛而持久的学术影响。相比较而言，国内这方面有深度、有影响的作品并不多，系统探索国内政治与中国对外政策特别是对外经济政策之间关系并形成有学理价值的研究路径的作品更是鲜见。

从实践层面看，自1978年踏上改革开放的伟大征程以来，中国在对外经济领域取得了举世瞩目的巨大进步，已经成为世界第二大经济体，并在世界秩序的重构进程中具有举足轻重的影响。近年来，中国的"一带一路"倡议、推动建立亚洲基础设施投资银行和金砖国家新开发银行等新动向，更为国际社会所广泛关注。为了破解中国经济腾飞的秘密，评估中国对外经济政策变迁的特点、内在机制特别是其新进展，进而预测中国对外开放政策的未来走向，国内外学者均作出了自己的努力。柳彦博士的这本书就是这一努力的一部分。该书聚焦"当代中国对外经济政策的调整"这一重大议题，切实遵循国内政治与对外政策分析相链接这一有效研究路径，依据丰富、可靠而又鲜活的资料，运用规范的案例研究方法，选择观念、社会联盟和国内制度三个变量，逐一分析了它们对改革开放以来中国对外经济政策选择的不同影响，得出了一些富有启发性的重要结论，如：国家是异质的，而非同质；国家并非单一行为体，它由若干具有不同偏好的行为体组成，共同分享决策权；各个行为体并不拥有同等程度的政治影响力，某些行为体在塑造和影响政策方面具有优势，而另外一些政治行为体则在接近国家权力、影响政策方面处于劣势。该书具有两大鲜明特点：一是立足当代中国的丰富实践，实事求是，论从史出，与时下一些同类著述中凌空蹈虚的不良学风形成鲜明对比；二是试图构建一个富有解释力的中国对外经济政策的综合分析框架，进而建立一个连接国内政治和对外经济政策分析的理论框架。后者既可以被视为是对国际关系研究回归"国内政治"传统的一种接纳，同时也可以被看作是对对外经济政策比较研究"西方中心论"的某种纠正。而这些都对当下的中国国际关系研究具有特殊重要的意义。也因此，我与作者一样，深切地希望本书的出版能够激发国内国际关系学界更多的同仁更为关注国际关系领域"中国问题"的研究，努力用学术语言讲好中国故事，塑造好中国形象，并且勇于提出新的分析框架，建构新的研究范式，为国际关系研究领域的"中国学派"建设这一宏大学术工程不断增添富有建设性的内容。

柳彦曾是我指导的博士研究生。入学之前，她就在山西大学从事国际政治专业的教学与研究工作多年。非常有趣的是，她教过的一些本科生后来又陆续考入天津师范大学，成为我名下的硕士、博士生，并且总体表现都很好。入学之后，柳彦克服家庭、本职工作和专业课程设置等多方面的困难，特别是顶住了一些非学术因素所造成的压力，保持了足够的定力和耐心，勤奋向学，勇于思考，按期完成了一篇具有较高质量的学位论文，并获得评审专家和答辩委员会的肯定。本书即是柳彦在学位论文基础上经过反复修改而成的。阅读这部书稿,我能够充分感受到柳彦毕业后的这几年在相关问题上的新思考、所取得的新进步。作为曾经的导师,我感到由衷的高兴。在本书付梓之际,我衷心地预祝柳彦能够继续保持学术定力和淡泊心态,在学术道路上走得更稳,做得更扎实,取得更大成绩。

是为序。

王存刚

2016 年 3 月 19 日

于天津师范大学国际关系与全球问题研究所

第一章 导 论

对外经济政策，从广义上来说，属于外交政策的内容之一，主要侧重于那些在国际经济关系中产生重大影响的经济政策。从本质来说，对外经济政策主要是指一国如何处理该国与世界经济的关系。[①] 由于全球相互依赖的加深，国际经济和国内经济的界限日渐模糊，特别是对于中国这样的外向型经济国家来说，经济政策更是深深被打上了"国际"的痕迹。无论是传统的对外贸易政策，还是地位逐步攀升的国际投资和国际金融政策，都体现了这种"内外交织"的趋势。一国采取什么样的方式来应对全球相互依赖的加深，不仅是经济学的问题，更是政治驱动的结果。由此，有关国家对外经济政策的研究必须由政治学者加以完成。

中国对外经济政策的重大转变和调整，深刻体现了政治驱动的逻辑。从国内层面来说，自由贸易和对外投资会使一国内部产生社会分化，有的群体受益，有的群体却利益受损，不同行为体围绕政策分配的结果，展开激烈的竞争。本书主要考察中国对外经济政策调整的国内政治动因。国家并非是单一的行为体，具有不同偏好的行为体共同分享决策权，国内制度决定了他们在政策选择中的地位。观念、利益和制度构成对外经济政策分析的三个重要维度。

[①] Henry R. Nau, *The Myth of America's Decline: Leading the World Economy into the 1990s*, New York: Oxford University Press, 1990, pp.45–48.

一、问题的提出：中国对外经济政策的调整

中华人民共和国成立以来，以 1978 年召开的十一届三中全会为界，前后两个时期的对外经济政策迥然不同。改革开放前 30 年，中国奉行自力更生的对外经济政策。首先，引进外资和技术设备方面，中国奉行"一边倒"的政策，主要是引进苏联和东欧国家技术设备和投资。从 1949 年 12 月毛泽东出访苏联，签订苏联向中国提供贷款的协定，到 1960 年中苏关系破裂为止，苏联帮助中国建设的成套设备项目共计 304 项，其中全部建成的有 120 项，基本建成的有 29 项，废止合同的有 89 项，由中国自行续建的 66 项。[①] 苏联的对外援助，使得中国的国际经济合作具备初步的基础，整个 20 世纪 50 年代，中国引进苏联技术设备资金共计人民币 73 亿元[②]，如果没有苏联的技术援助，中国很难实现"一五"计划的预期目标。苏联的技术和项目援助增强了中国的重工业基础，特别是基础工业和国防工业的能力，为中国的工业化建设奠定了基础。其次，对外贸易方面，"对内节制资本和对外统制贸易，是国家在经济斗争中的两个基本政策"[③]。新中国成立以后，对外贸易实施垄断经营，地方政府和其他经济体无权参与对外贸易。1951 年 2 月，中央政府将全国各口岸已成立的外贸管理局收归中央部门统一领导，并针对各类对外贸易企业和外商机构的审批登记、进出口商品分类管理、进出口许可证制度的推行、外汇及审核进出口价格的管制等方面都作了统一规定，同时，组建国营外贸公司，直接经营外贸活动。1952 年成立了对外贸易部，集中管理对外贸易。1956 年"三大改造"完成之后，

[①] 陈东林：《20 世纪 50—70 年代中国的对外经济引进》，载《上海行政学院学报》，2004 年第 6 期，第 70 页。

[②] 彭敏主编：《当代中国的基本建设》（上），中国社会科学出版社 1989 年版，第 54—56 页。

[③] 中共中央文献编辑委员会编：《毛泽东选集》（第四卷），人民出版社 1991 年版，第 1435 页。

对外贸易的管理、计划、执行和经营的职能都集中于对外贸易部,至此,对外贸易国家垄断制基本确立,即全国的对外贸易由外贸部统一领导、统一管理,进出口贸易的具体经营业务由外贸部所属的各外贸专业公司统一进行。60年代以后,受国内形势的影响,中央政府进一步强化了对外贸易国家垄断制度,规定除对外贸易部所属各总公司和各口岸对外贸易机构外,任何机构不许经营进出口业务。第三,改革开放之前,中国不鼓励外国来华投资,对外借款也持保守态度。50年代,中国国内的外资企业只有中国和苏联、波兰等国建立的少数几家合资企业①,对外借款主要是面向苏联政府,目的是为了满足"一五"计划建设需要和抗美援朝需要。1950年,毛泽东在谈到争取对外援助时指出:"在目前数年内多借不如少借有利。"② 朝鲜战争爆发以后,中国因为战争需求增加了向苏联的贷款。即便如此,50年代,来自国外贷款仅为36.35亿元,占国家财政收入的5.7%。③ 20世纪60年代中苏关系破裂之后,中国引进外资的对象由苏联转向了日本和西欧等西方国家,利用外资的方式主要以卖方信贷④和外汇存款为主。70年代,随着中国对国际形势的判断趋于激进和革命,对外经济政策在上述立场上向后倒退,把"自力更生"理解为"关起门来搞建设",主张对外经济往来应该实现"既无内债又无外债"的局面。

1978年改革开放的启动带来了对外经济政策的革新,开放取代封闭成为对外经济政策的主导目标。在开放的宗旨下,中国对外经济政策的战略目标围绕两个方面展开:一是经济利益在对外经济政策中的次序

---

① 尹永纯:《改革开放以来中国利用外资的历史考察》(1978—2005),中共中央党校出版社2006年版,第28页。

② 中共中央文献研究室编:《建国以来毛泽东文稿》(第1册),中央文献出版社1987年版,第213页。

③ 当代中国丛书编辑部编:《当代中国财政》(上),中国社会科学出版社1988年版,第120页。

④ 卖方信贷就是在大型机械装备或成套设备贸易中,为便于出口商以延期付款方式出卖设备,出口商所在地的银行对出口商提供的信贷。

上升，安全利益和意识形态在对外经济政策中的重要性下降，但安全利益的考虑并没有完全在政策中退却，依然影响着对外经济政策的制定；二是中国和国际体系的关系发生了变化。中国由体系外的"革命者"转变为国际体系的"维护者"。1980年中国加入了国际货币基金组织、世界银行和亚洲开发银行。1991年中国成为亚太经合组织的正式成员。1985年中国提出"复关"申请，2001年中国正式加入世界贸易组织，标志着中国全面融入国际经济体系。进入21世纪，中国发起和参与了越来越多的区域贸易协定（FTAs）。中国不仅全面融入国际经济体系，而且在国际经济事务中积极谋求与自身经济实力相称的话语权。2015年人民币加入国际货币基金组织特别提款权（SDR）的货币篮子，尽管其象征意义大于实质意义，但仍是中国寻求国际经济规则制定权的重大进展。但是，在不同的阶段，对外经济政策的重点不一样。90年代强调引进外资和出口贸易；21世纪初期以全面融入国际经济体系为己任；2008年金融危机之后，消解国内产能过剩、增大海外直接投资成为政策重点。这些政策调整是通过什么途径加以实现的？这是本书要回答的第一个问题。

对外经济政策服务于国家利益，政策制定者需要平衡国内和国际的多重利益目标。国家利益最大化是中国对外经济政策的终极诉求。国家利益包括多重维度：政治利益、外交利益、安全利益和经济利益。具体包括：国家安全的维护、国内经济社会的可持续发展以及稳定、开放的国际经济体系。[①]与国家安全密切联系的对外政策必须将政治和外交目标纳入到政策考虑中去，这样，经济利益在对外经济政策中的考量会受到制约。对外经济政策的最根本的动因还是立足于国内经济的健康和可持续发展，特别是对于中国这样面临着国内经济结构转型的发展中国家来说，只有国内经济持续、健康的发展，国际地位才能得以保障。中国是外向型的经济体系，自由、开放的国际市场与安全、可靠的资源和能

---

① 参见：《中国和平发展白皮书》，新华网，2011年9月6日，http://news.xinhuanet.com/politics/2011-09/06/c_121982103.htm（访问时间：2015年12月25日）。

源供应是对外经济政策目标实现的前提。**对外经济政策需要满足多重战略目标，决策者如何决定对外经济政策战略目标的优先次序？这是本书要回答的第二个问题。**

政策目标的实现依赖于决策者可供选择的政策工具。决策者在不同时期选取的政策工具也有所不同。20世纪90年代以前，出口贸易和国际援助成为政府常常使用的政策工具组合。政府通过各种措施鼓励出口贸易，来弥补国际收支的平衡，国际组织和外国政府的低息贷款成为国内经济建设资金的重要来源。90年代以后，外商直接投资成为拉动经济增长的重要手段，中国吸引外资的规模无论是在发展中国家还是发达国家行列里均排名靠前。中国积极参与国际分工，在开放国内市场的同时，利用比较优势融入国际市场，实现经济赶超。进入21世纪，区域贸易协定成为中国构建地区战略和全球秩序的重要工具。**为什么政策工具的选择和组合会呈现出阶段性差异？这是本书要回答的第三个问题。**

政策目标的选择和政策工具的组合构成对外经济政策的战略。本书以中国对外经济政策的历史演变为切入点，探寻对外经济政策变化的原因，并尝试建立一种可以解释中国对外经济政策重大变化的理论框架。

二、国内政治缘何重要？

对外经济政策的研究任务主要是说明为什么每个国家会采取他们已经采用的方式来处理该国与世界经济的关系。对外经济政策的研究存在三种路径：体系中心论、国家中心论和社会中心论。国际体系为中心的研究范式关注国际政治经济结构对政策选择的影响。该路径往往忽视国内政治的影响，把国家视为单一行为体。实际情况中，决策者制定政策时，离不开国内经济、社会和政治背景。放弃单一国家这一假设会产生对国际政治更为丰富的新观察。[①] 20世纪60年代，各种理论试图从国

---

① ［美］海伦·米尔纳：《利益、制度与信息：国内政治与国际关系》，曲博译，上海人民出版社2010年版，第1页。

内政治角度解释外交政策，如官僚政治模式、马克思主义理论和利益集团模式。但是随着结构现实主义的兴起，国内政治被排除在国际关系理论之外。80年代末期，普特南（Robert Putnam）提出双层博弈理论，国内政治重新回到国际关系理论的视野。如果国家的内部结构对它的外交行为具有重要影响，那么国家单一行为体假设就难以满足国际关系理论的研究现实。国家被视为是多中心的行为体，最高决策者、各级政府、利益集团共同组成了国家这一行为体。他们具有不同的政策偏好，共同分享决策权。关注国内政治权力斗争对中国对外经济政策的影响，有助于打开中国对外经济政策研究的"黑匣子"。

国内政治很少是铁板一块，政策制定者面临来自各方的压力。中国的对外经济政策分析同样离不开对国内政治的洞悉。而在新中国成立后的很长一段时间内，外交一直是国内政治的延续，外交成为手段，服务于国内政治的需要。即使是谈到外交政策制定的影响因素，也主要是从政治制度、意识形态、政治文化、战略文化等角度，缺少对政策决策程序的分析：**不同行为体是如何通过政治过程参与、影响中国对外政策的制定？**本书的研究正是这样的尝试。

中国作为世界经济发展中的重要力量，以中国作为对象和案例的研究明显落后于中国的国际经济地位。国内学术界，无论是国际政治经济学（IPE）研究，还是外交政策研究，"美国中心"依然占据主导地位，在具体的政策研究领域，如贸易政治和投资政策，国内学术界对美国贸易政治的研究成果远远多于对中国自身的研究。之所以会造成国际关系理论和外交政策研究"中国缺失"的现象，并非因为中国不重要，恰恰相反，中国经济力量的变化已经引起国外学术界的注意。罗伯特·基欧汉（Robert O.Keohane）曾强调中国是世界政治经济变化的重要内容，并且呼吁美国国际政治经济学界加以重视。[①] 随着中国金融力量、货币力量以及资本力量在国际经济体系中的壮大，中国学者充分利用自身对

---

① Robert O.Keohane, "The Old IPE and the New", *The Review of International Political Economy*, Vol.16, No.1, 2009, p.41.

中国情况的了解，发挥案例分析和资料收集的便利条件，有助于弥补国际关系理论研究"中国缺失"的遗憾。

国外学者研究中国外交政策的制定，常常强调中国政治制度的特殊性，这种国内政治的特质，是否导致中国的对外经济政策制定遵循不同的路径和模式？西方主流的国际关系理论是否具有足够的解释力？本书所提出的国内政治解释变量虽然没有突破IPE（国际政治经济学）的传统研究范围，但尽量还原中国国内政治的特质和差异，试图构建出比较完善的核心概念，来解释中国对外经济政策的变迁。以中国为研究对象的国际关系理论的重大发展，必须建立在对具体问题领域的不断研究，只有这种具体研究达到一定积累，中国国际关系理论的突破才有可能。

三、对外经济政策的国内政治研究文献综述

一般来说，对外经济政策的研究存在三种路径：体系中心论、国家中心论和社会中心论。以体系为中心的研究路径认为，国际政治经济结构对政策选择具有决定性的影响，对外经济政策是应对外部问题、压力和挑战的结果。国家中心论强调国家本身的战略考量和国内制度结构对对外经济政策的影响。社会中心论认为，社会中私人行为体通过游说对国家政策施加影响，对外经济政策主要反映了国内利益集团的偏好。

有关中国对外经济政策的研究同样遵循上述三种路径，鉴于本书主要关注对外经济政策的国内政治动因，故体系中心论不在本书的论述范围。下文主要从国家和社会两个视角对相关研究文献进行综述。

（一）以国家为中心的研究路径

国家一直是政治经济学的中心议题之一。但在20世纪70年代以前，国家主义并非西方社会科学领域的主流研究范式，多元主义和结构

功能主义成为美国政治科学研究的主流范式，后者以社会为研究中心，强调"国家"只不过是个过时的概念。① 1985年斯考克波（Skocpol）的《找回国家》出版，代表着"国家主义"的全面回归。在该书的序言中他写道："多元主义和结构功能主义长期占据美国社会科学的中心位置，为了更好地解释政治、经济和社会问题的变化，国家必须被重新找回来。"② 国家中心主义通过强调国家自主性和国家能力重新把"国家"带入到政治经济学研究的中心议程。"国家被看做是拥有领土和人民控制权的一种组织。它可以制定和追求自己的目标，而不是简单地反映社会集团利益、阶级利益或整个社会的利益。"③ 而国家能力主要是指国家执行其政策目标的能力，一个具有强大能力的国家，即使是面对来自社会的反对力量，也能够有效执行其政策。国家自主性侧重于从政策制定层面来研究国家，而国家能力则注重政策的执行效果。

国家主义范式在强调国家作为一个独立行为者方面具有共同的立场，但对于什么是国家？组成国家的微观基础什么？则存在不同的看法。国家主义范式所分析的国家能力和国家自主性都必须具有明确的指向，即具体承担国家职能的机构和人员。根据对国家内涵的不同理解，国家主义在微观层面上发生了分化。一派把国家定义为具体的人，即参与和影响外交政策的行政官员和国家官员④，他们在对外往来中代表整个国家，是国内社会和国际社会的联系人。国家官员的范围要广泛一些，政党、议会等民意机构的官员也纳入其中。G.约翰·伊肯伯里（G.John Ikenberry）在解释美国对外经济政策时指出，行政官员处于国

---

① Gabriel A.Almond,"A Developmental Approach to Political System", *World Politics*, Vol.17, No.2, Jan.1965, p.185; [美] 戴维·伊斯顿：《政治生活的系统分析》, 王浦劬译, 华夏出版社1999年版, 第23页。

② [美] 彼得·埃文斯：《找回国家》, 方力维等译, 生活·读书·新知三联书店2009年版, 第15页。

③ [美] 西达·斯考切波：《国家与社会革命：对法国、俄国和中国的比较分析》, 王学东译, 上海人民出版社2007年版, 第30页。

④ David A.Lake,"The State and American Trade Strategy in the Pre-Hegemonic Era", *International Organization*, Vol.42, 1988, pp.33–58.

际和国内交汇的特殊位置，具有不同于社会利益集团的自组织利益和职业利益，他们在制定和执行对外政策时会进一步推进其自身利益，或者说至少不会损害这种利益。① 当然行政官员和国家官员会通过各种途径对国家必须进行于其中的社会偏好和国际环境要求保持敏感。另一派把国家定义为国内制度和结构，国家不仅仅是行政官员的集合，而是一种塑造和约束行政官员和社会集团的结构和规范。在对外经济政策的制定过程中，制度规定了社会力量影响和参与政策的途径和可以选择的资源，同时也限制了行政官员的独立地位。彼得·J.卡岑斯坦（Peter J. Katzenstein）指出，20世纪70年代面对同样的石油危机时，发达国家采取了不同的应对策略，造成这种差异的原因在于各国具有不同的"国内结构"。这里的国内结构指的就是国家与社会的内部组织结构，以及国家与社会之间的关系。②

在诸多研究中国对外经济政策的文献中，中国常常被视为是威权型国家体制，国家在经济生活中扮演着重要的角色。不少学者强调中国对外经济政策中"强国家"特征，指出："中国领导人引领的对外开放政策，既非阶级转移，也不是无为而治，而是伴随着局部分权的国家经济职能增强，因为领导人相信这将使国家更加灵活和有效。"③ 斯科特·肯尼迪（Scott Kennedy）在论述中国反倾销政策变化时，同样指出威权体制是中国叙事的一个重要组成部分。④ 郝雨凡在总结改革开放30年中国对外经济政策时，也强调对外经济政策的"强国家"特征。中国对外经济活动最大限度地服务于国家整体利益，国家对经济活动实施有效

---

① G.John Ikenberry,"Introduction:Approaches to Explaining American Foreign Economic Policy", *International Organization*, Vol.42,1988,pp.12-13.

② [美]彼得·卡岑斯坦：《权力与财富之间》，陈刚译，吉林人民出版社2007年版，第21、22、361页。

③ Raviprasad Narayanan," Foreign Economic Policy-Makingin China", *Strategic Analysis*, Vol.29, No.3,2005,p.462.

④ Scott Kennedy,"China Porous Protectionism:The Changing Political Economy of Trade Policy", *Political Science Quarterly*, Vol.120,No.3,Fall 2005,p.429.

控制。①

与日本这样的发展型国家不同,中国对外经济政策中的国家角色并不是通过实施行之有效的产业政策,而是借助庞大的国有经济实现其战略利益。中国的海外直接投资被视为国有企业主导,服务于国家的安全利益,而非经济利益。② 中国区域经济合作也被视为具有越来越多的"国家主义"色彩。2015年6月,中国—澳大利亚自由贸易协定的正式签署,正是源于双方最高领导人的积极推动,协议内容也体现了中国的地缘政治和能源安全考量。

在以国家利益为中心的研究路径中,国家利益是核心变量。对国家利益的界定反映了政策制定者的偏好。以自由贸易协定(FTA)的研究为例说明,国内外学界普遍认为,经济福利最大化并不是中国参与FTA谈判的唯一动机,地缘政治和国家安全等"非经济目标"常常混合其中,构成中国FTA战略的主要动机。阿加塔·安特科维茨(Agata Antkiewicz)和约翰·韦勒(John Walley)指出,通过签署双边和区域FTA,中国正将其传统的贸易利益和最广泛的经济、外交和安全利益联系起来。③ 赫德利(Hoadley)和J.杨(J.Yang)也指出,中国参与的FTA谈判是和国家安全战略联系在一起的。④

国内结构既包括行政和立法的组织结构和权力关系,也包括确定国家和社会关系的规则和程序。中国的外交决策也受到国内社会结构的影响,如国家—社会关系、中央—地方关系。苏长和在研究中国地方政府

---

① 郝雨凡:《中国对外经济政策50年》,载《外交评论》,2007年第5期,第60页。

② John P. Tuman and Majid Shirali, "The Political Economy of Chinese Foreign Direct Investment in Developing Areas", *Foreign Policy Analysis*, Vol.23, Jan.2015, p.9; Ivar Kolstad and Arne Wiig, "What Determines Chinese Outward FDI?", www.cmi.no/publications(访问时间:2015年12月22日)。

③ Agata Antkiewicz, John Whalley, "China's New Regional Trade Agreements", National Bureau of Economic Research Working Paper 10992, December 2004, p.27.

④ S.Hoadley and J.Yang, "China's Free Trade Negotiations: Economics, Security and Diplomacy", in S.N.Katada, M.Solis eds., *Cross Regional Trade Agreements: Understanding Permeated Regionalism in East Asia*, New York, NY: Springer, 2010, pp.143-144.

的国际化过程中指出,中国地方政府参与国际经济合作受到现行国家结构的制约,特别是在区域经济合作领域,中央政府通过制度性和政策性分权授予地方政府参与外交事务的权力。①

除此以外,行政官僚在政策制定中的利益也是国家中心主义关注的问题之一。海外有关中国外交决策模式的大量研究文献中,官僚政治模式构成其中最为重要的篇幅。该模式主要关注政治家和政府机构中的职能部门在对外经济政策中的地位和作用。戴维·兰普顿(David M. Lampton)在分析中国外交决策中的部门利益时指出,每个部委都有自己的利益追求,即使部委领导有所调整,这种"位置决定观点"的逻辑都会起作用。②李侃如(Kenneth Lieberthal)分析了中国的对外贸易进程中,国内不同机构持有不同的政策立场,有的是"全方位开放"的主张者,有的是"有选择的开放主义"的赞成者,官僚机构就此展开竞争。③李侃如和奥森伯格(Oksenberg)关于中国能源政策的个案研究,主要探讨部门利益如何影响一个完整的"国家政策"的形成。④随着中国全球经济活动的增多,涌现出新的决策角色,如商务部、国家发改委、中央人民银行、财政部等经济部门,它们和外交部分享经济决策权。⑤史宗翰、段伟红则把这种共享同一个部门利益的人称为"部系"。"部系"反映的是一种纵向的利益。在这个利益链条上的人,因为所处的位置的不同,政策倾向也肯定有所不同;但一旦"对外"作为一个

---

① 苏长和:《中国地方政府与次区域合作:动力、行为及机制》,载《世界经济与政治》,2010年第5期,第8页。

② David Lampton, "Chinese Politics: The Bargaining Treadmill", *Issues and Studies*, Vol.23, No.3, March 1987, pp.12–14.

③ Kenneth Lieberthal, "Domestic Politics and Foreign Policy", in Harry Harding ed., *China's Foreign Relations in the 1980s*, New Haven: Yale University Press, 1984, pp.43–70.

④ Kenneth Lieberthal and Michel Oksenberg, *Policy Making in China: Leaders, Structures, and Processes*, Princeton: Princeton University Press, 1988, p.22.

⑤ Linda Jakobson and Dean Knox, "New Foreign Policy Actors in China", http://books.sipri.org/files/PP/SIPRIPP26.pdf(访问时间:2015年12月22日)。

整体，则会有一致的利益和偏好。①

（二）以社会为中心的研究路径

以社会为中心的研究路径否认国家的自主性和独立地位，认为国家只不过是利益集团争斗的跑马场，对外经济政策体现了强势利益集团的利益。② 社会中心论强调社会力量在对外经济政策制定中的作用。所谓的社会力量包括利益集团、社会团体、行业协会以及非政府组织。由于社会中的私人行为体势单力薄，往往通过联合的方式组成政策联盟来影响决策。中国的政治体制虽然没有鼓励有组织的政治游说，但实际上各种社会行为体围绕政策结果展开游说，已是一个不争的事实。郎永峰在分析中国区域贸易自由的国内因素时，认为行业组织和企业是贸易政策最有影响力的利益集团。③ 琳达·雅格布森（Linda Jakobson）和迪恩·诺克斯（Dean Knox）也指出，随着中国国有企业"走出去"，国有企业已经成为中国外交政策的重要参与者④，特别是在一些有关经济、能源等海外利益决策中的影响力与日俱增。

对于一个奉行自由和开放贸易政策的国家来说，贸易自由化必然会对某些产业和部门造成不利影响，这些部门会联合起来抵制贸易自由化，政府往往会补偿那些在自由化进程中利益受损的部门和个人。彼得·卡岑斯坦的研究表明：政府愿意调整国内产业结构去适应国际市场，同时会采取措施补偿那些在市场化进程（特别是贸易开放进程）

---

① 段伟红：《技术官僚的"谱系"、"派系"与"部系"——对西方"中国高层政治研究"相关文献的批判性重建》，载《清华大学学报》（哲学社会科学版），2012 年第 3 期，第 104 页；Victor C. Shih, *Factions and Finance in China: Elite Conflict and Inflation*, Cambridge: Cambridge University Press, 2008, pp.47-53.

② Theodre Lowi, "The Public Philosophy: Interest-Group Liberalism", *American Political Science Review*, Vol.61, No.1, March 1967, pp.5-24.

③ 郎永峰：《中国区域贸易自由化的政治经济分析》，复旦大学博士学位论文，2010 年，第 69—72 页。

④ Linda Jakobson, Dean Knox, "New Foreign Policy Actors in China", http://books.sipri.org/files/PP/SIPRIPP26.pdf（访问时间：2015 年 12 月 23 日）。

受到消极影响的个人和部门。① 中国的汽车工业一直受到高关税的保护，在贸易自由化进程中，汽车等弱势产业的利益集团也一直以脆弱性为由，反对政府开放国内市场。

中国的各个产业集团，如商业、工业和农业集团，进行影响政策的政治性活动时，常常通过联合的方式来表达自己的利益诉求。各个产业领域对自由贸易协定发挥影响主要借助于政府部门——国务院各部委。澳大利亚国立大学江扬以中澳自由贸易协定谈判为个案，发现中国中央政府缺少独立决策的自主地位，不得不和代表部门利益的国务院各部委相抗衡。② 随着中国海外投资规模的逐步扩展，国有能源企业成为中国海外发展战略和能源政策的"代理者"，直接参与中国外交的海外布局和政策执行。但是，国有企业的海外外交并不是总能兼顾自身经济利益和国家安全利益。同其他的社会行为体一样，国有企业具有"自组织利益"，追求利润最大化是其合理正常的经济动机，而这些"自组织利益"有时会与国家利益冲突，出现中国外交被国有企业"绑架"的事实。③ 行业协会和商会也借助各种渠道影响中国对外经济决策。行业协会影响政策途径受制于国家—社会的互动模式，一方面，中国的国家—社会关系未摆脱法团主义的影响，国家通过领袖选举、法律监管等多种形式对行业协会实施控制；另一方面，行业协会在政策参与过程中具有一定程度的独立于国家的自主性。特别是在一些国家控制色彩相对弱的领域，如私营经济和外资经济领域，行业协会参与政治的自主性不断提高。④

---

① [美]彼得·J.卡岑斯坦：《世界市场中的中小国家》，叶静译，吉林出版集团有限责任公司2009年版，第40页。

② Yang Jiang, *China's Policy-making for Regional Economic Cooperation*, London: The Palgrave Macmillan, 2013, pp.12-13.

③ 参见李欣：《中国外交新的参与者：国有石油企业的角色与"组织化利益"》，载《国际论坛》，2012年第3期；姜璐、肖佳灵：《中国对苏丹的石油外交——政企角色研究》，载《阿拉伯世界研究》，2011年第5期；Erica S. Downs, "The Fact and Fiction of Sino-African Relations", *China Security*, Vol.3, No.3, Summer 2007, pp.42-68.

④ Margaret M. Pearson, "The Janus Face of Business Associations in China: Socialist Corporatism in Foreign Enterprises", *The Australian Journal of Chinese Affairs*, Vol.1, No.31, 1994, p.46.

观念、利益和制度：国内政治与中国对外经济政策

上述两种研究范式基于不同的研究假设，所能解释的经验范围也各不相同。国家中心主义重视对国家独立性的分析，认为国家对经济的干预有助于促进经济的发展，但是国家主义者也从强调"强国家"转为重视国家能力的研究，而国家能力正是建立在国家与社会良性互动的基础之上。正如维斯（Weiss）和霍布森（Hobson）所言，国家中心主义并不是国家决定论，强调在"把国家找回来"（bringing in the state）的同时，不能将社会踢出去（but not kicking society out）。[①] 国家能力的概念反映了国家主义者对社会中心范式的吸收和融合。社会中心主义虽然强调社会中的个人或集团对政策结果的影响，但并不完全排除国家的作用。这在古勒维奇（Peter Gourevitch）的研究中体现得最为明显。无论是对政治家作用的强调，还是具体的利益交换和妥协，政治运作的成功都有赖于国家和社会的互动。正如古勒维奇在谈到国家自主性时所说的："国家自主性有一个社会基础：国家必须获得来自社会行为者的支持，这样才能为实现特定目标而获得其自主性。强国家是因为其政治支持强大……，当支持消失时，国家的力量也会随之消失。"[②] 只有把利益集团竞争置于政治制度框架之内，才能够解释为什么有的集团政策影响力强，而有的集团却难以发挥实质性影响。政策影响力取决于他们在制度框架内的政治地位。

单一的范式只能解释对外经济政策的某一侧面，范式之间的融合和借鉴对于具体问题的研究尤为必要。正如莱克（Lake）主张的"方法论的折中主义"[③]，即对国际关系的不同研究传统进行整合。我们在进行研究时也应如此，根据问题的需要寻找合适的范式和方法，或者将不

---

① [澳]琳达·维斯，约翰·M.霍布森：《国家与经济发展——一个比较及历史性的分析》，黄兆辉等译，吉林出版集团有限责任公司2009年版，第10—11页。

② [美]彼得·古勒维奇：《艰难时世下的政治：五国应对世界经济危机的政策比较》，袁明旭等译，吉林出版集团有限责任公司2009年版，第268页。

③ David A.Lake, "Why 'isms' are Evil: Theory, Epistemology and Academic Sects as Impediments to Understanding and Progress", *International Studies Quarterly*, Vol. 55, No. 2, June 2011, pp.465-466.

同的范式和方法综合使用。本书在综合上述范式的基础上，引入了三个关键性的变量：观念、利益和制度，分析它们在中国对外经济政策中的作用。观念决定着外交政策的未来走向，国家的领导者一般声明在此基础上阐明立场或采取行动；利益决定了社会行为体和政治行为体的政策偏好；制度是政治生活的基本框架，各种行为体必须在制度结构下进行活动。制度不仅规定了各个社会行为体影响力的大小，决定了他们对自身利益的诠释，而且塑造了特定思想和观念进入政府决策过程的路径和模式。观念、利益和制度共同决定了中国对外经济政策的制定和选择，并约束政策的未来方向。

四、解释模型和行文安排

本书的主体部分由三个核心假设构成。（1）观念和利益决定了对外经济政策目标的范围和政策工具的选择。（2）对外经济政策总是由具体的人制定和选择的。理解政策形成的一个基本前提是明确行为体的政策偏好。本书假设社会行为体都是追求利益最大化的理性行为体，利益决定他们的政策偏好。（3）对外经济政策的制定和选择还必须关注政策过程。政策的制定和选择都是发生在现有的政治制度框架之内。制度不仅规定了社会行为体的政治影响力，而且会影响到他们对自身利益的诠释和认知。观念、利益和制度共同构成中国对外经济政策的解释因素。

（一）观念

观念不仅指个人的精神建构，而且指个人与组织关于行动方式的集体信念。[1]"战争与革命"是一种观念，"和平与发展"同样是一种观念，都反映了国家对国际秩序的看法以及国家如何行动的立场。观念具有持久的影响力，这主要是因为：第一，观念能够将自身融入到政治讨

---

[1] ［美］杰弗里·勒格罗：《意图转变：中国的崛起于美国的应对》，见朱峰、罗伯特·罗斯主编：《中国崛起：理论与政策的视角》，上海人民出版社2008年版，第174页。

论的术语当中而对政治产生持久影响，还可以借助将自身嵌入到制度当中，通过制度的运行而产生影响。① 一般来说，当制度介入后，观念的影响会更持久。第二，新观念的形成需要社会中大部分群体的认同和支持，只有这样新观念才能取代旧观念占据主导地位，而那些推动新观念产生的社会力量会从现行的政策中受益，进一步成为观念巩固的支持力量，只要他们能够持续地从观念体系获得期望的利益，变化就难以发生。第三，观念能够持久，是因为他们能够产生期望的政策结果。② 当观念显示出它有能力解决经济生活中的重大问题时，将拥有强大的力量。观念推动政策产生预期的效果，不仅使观念成为实现政策目标的手段，而且成为政策合法性的依据。政策效果反过来推动观念由经济理念上升为原则性的观念，即它对于经济发展不仅是"有效"的，而且是"正确"的。

观念在解释中国对外经济政策的变迁中为何重要？物质利益和观念力量都不能单独决定一个国家的外交政策，长期以来，现实主义关注权力、利益等物质性因素对政治行为的塑造，而建构主义又过分强调观念的作用，有鉴于此，就观念在政策选择和政策变迁中的作用加以实事求是的说明很有必要。

1. 观念界定了什么样的政策行为是"适意的"

政策总是要实现多重目标，而这多重目标存在优先次序，政府最终确定的政策目标反映了决策者的主导观念和意识形态：什么样的政策活动是可能的、合适的和最重要的。

建国以后中国对外政策的重大调整，一般反映了最高决策者价值观念的变化。中国对外经济政策的核心目标是国强民富，无论是新中国建立初期的"一边倒"，还是60年代的自力更生、80年代的改革开放，

---

① [美] 朱迪斯·戈尔茨坦、罗伯特·基欧汉：《观念与外交政策：分析框架》，见朱迪斯·戈尔茨坦、罗伯特·基欧汉主编：《观念与外交政策：信念、制度与政治变迁》，刘东国译，北京大学出版社2005年版，第21页。

② [美] 杰弗里·勒格罗：《意图转变：中国的崛起与美国的应对》，见朱峰、罗伯特·罗斯主编：《中国崛起：理论与政策的视角》，上海人民出版社2008年版，第177页。

都服务于这一核心目标。但是这一抽象的战略目标需要平衡若干相互矛盾的关系,如对外经济政策目标中的安全利益和经济利益、自力更生和全面开放、维持现状和变革秩序等。中国的领导人,特别是邓小平,在80年代调整对外经济政策时,对上述目标进行了优先排序:经济利益优于安全利益、开放市场优于独立自主、维持现状先于变革秩序。当然在不同阶段,政策目标的优先次序也在不断调整,这种转变反映了决策者价值观念的转变。进入21世纪,中国提出建立"创新型国家"的口号,强调技术创新、民族经济在国家崛起中的重要意义,说明决策者意识到过去那种为了吸引外资而全面开放市场的政策行为应该予以调整,技术创新的重要性被国家领导人反复强调。

2. 观念推动政策创新

思想并不能总体现在政策中,也不是每个政策都能由政策范式来理解。尽管如此,思想通常为每一种政策创新和制度发展提供理论基础和主要动力。[①] 经济政策中的创新更多来自政治家而非技术官僚,或者是两者不相上下,而在中国,新政策取代旧政策更依赖于政治领导人的推动。20世纪80年代,广东和福建两省在招商引资方面走在了全国的前面,它们通过建立出口加工贸易区,鼓励海外华人直接投资。这样的政策试验之所以能够持续下去,正是因为得到最高领导层的支持。观念只有被决策者认同,进入决策议程,并转化为政策话语,方能影响政策结果。

3. 观念具有塑造新社会联盟的政治潜力

每一个新观念的确立和巩固,都包含着政治上的战略,政治领导人通过有目的的政治控制,来聚合社会的支持。新观念只有获得国内社会力量的普遍支持,才能保持对政府决策的影响。改革开放30多年,中国的非公有制经济、外资经济以及沿海地方政府都成为从开放政策中获利的群体,"一带一路"战略的提出,西部省份成为对外开放的前沿阵

---

① [美]高柏:《经济意识形态与日本的产业政策:1931—1965年的发展主义》,安佳译,上海人民出版社2008年版,第18页。

地,成为深化开放的倡导者。

观念在不同的阶段所起的作用是不一样的。观念的形成和巩固包括两个阶段:旧观念的崩溃和新观念的巩固。① 在旧观念的崩溃阶段,重大事件的出现及其预期结果的方向决定了旧观念的崩溃遵循什么样的路径。当出现与旧观念的逻辑相矛盾的事件,并产生不期望发生的结果时,旧观念的统治合法性就面临丧失的危险;如果矛盾事件发生,同时出现期待的结果,那么政策就有可能保持连续性,不发生变化。政策没有发生变化,旧观念的批评者就很难聚集起反对的力量。如果没有出现与旧观念相矛盾的事件,政策同样会保持连续,不会发生变化。所以,在新旧观念的更替阶段,新观念的巩固不仅取决于旧观念的合法性地位的丧失,替代观念是否产生预期的政策效果很重要。在新观念的巩固阶段,主导观念也不断地面临来自其他社会观念的挑战,只有不断壮大主导观念的支持力量,并削弱来自反对阵营的批评声音,才能在政策思想中保持一个优势地位。70年代末期,以邓小平为核心的决策层制定和实行"参与世界"的外交战略,并逐步成为社会的主流观念,尽管不断受到来自民族主义者、反全球化人士的批评和指责,但仍然处于不可挑战的优势地位,只要没有一个获得社会公认的对立观念的出现,中国就不会偏离目前的轨道。

章百家曾经把中国60年的外交史看作是一个成长的过程,在这个成长的过程中,中华民族经历了复杂的蜕变经历,其中最能反映成长特征的就是思想观念和认识方法的变化。②

(二) 利益

对外经济政策的实施需要获得社会的支持。首先,政策需要政治,解决经济问题的途径很多,但是如果一种主张能够取得优势并成为特定

---

① Jeffrey W. Legro, "The Transformation of Policy Ideas", *American Journal of Political Science*, Vol.44, No.3, July 2000, p.419.

② 章百家:《中国外交成长历程中的观念变迁》,载《外交评论》,2009年第3期,第1页。

政府的实际决策，那么它必须获得掌握政治权力者的支持；其次，政策的制定和执行离不开社会的支持，政治家必须和政府官员、政党、利益集团的领导人以及社会中的经济行为体达成共识。①

由此可见，政治家的政策选择取决于社会需求，如果没有来自社会的支持，政治家的决策就会面临合法性危机，同时面临执行难的问题。要研究经济政策的社会支持，首先需要对社会进行分解。社会联盟范式为我们细化社会提供了很好的途径。根据社会联盟范式中的罗戈夫斯基（Rogowski）模式和古勒维奇模式，社会行为体一般包括要素的所有者、产业集团以及企业，然后每种类型中依据与国际经济的密切程度再进行分解，如根据行为体所处的产业在国际经济中的竞争力，可以分为进口竞争产业和出口竞争产业；企业也可以根据面向的市场不同，分为国际导向的企业和国内导向的企业。其次，应该关注社会行为体在国际经济政策中的立场和态度，态度由利益决定。本书的基本假定是：社会行为体的偏好根植于利益的最大化。与政治行为体维持权位的利益动机不同，社会行为体的政策偏好受其经济利益的影响。再次，社会行为体的单个影响力是非常有限的，偏好相同的社会行为体通过结成联盟的方式对政治决策施加影响；最后，社会联盟及其政策偏好并不是固定不变的，在不同的历史时期有一定的差异。利益相同，则联盟形成；利益不同，则联盟分化，重新组合。

（三）制度

制度是国内政治的突出特征。道格拉斯·诺斯（Nouglass C.North）将制度界定为"一个社会中博弈的规则，或用更为正式的说法就是人为设计来框定人类互动的制约"②。之所以强调对外经济政策中的制度因素，是因为：

---

① ［美］彼得·古勒维奇：《艰难时世下的政治：五国应对世界经济危机的政策比较》，袁明旭等译，吉林出版集团有限责任公司2009年版，第3—7页。

② ［美］道格拉斯·诺斯：《理解经济变迁过程》，钟正华等译，中国人民大学出版社2008年版，第105页。

1. 国内制度设定了政治生活的基本框架

政治制度是一组规则,这些规则约定了国家政治生活的基本原则和程序。这些原则和程序包括国家—社会的关系和政策选择的具体制度。国家和社会关系存在两种情况:弱国家、强社会和强国家、弱社会。所谓强国家是指国家在制定公共政策时具有较高的自主性,能够摆脱利益集团的影响,根据公共利益来制定政策,而一个弱国家则是指国家政权被社会特殊利益集团绑架,不能独立地制定政策。与政策选择相关的国内制度主要是指政治权力在行政—立法机关之间的分配。当政治权力集中于行政部门时,对外经济政策更多反映了行政部门的偏好;当政治权力向立法部门倾斜时,对外经济政策则主要反映了立法部门的政策偏好。

2. 国内制度规定了社会联盟的活动方式

政治制度"规定了社会力量在其中相互作用的规则和平台,在不同程度上,制度设定条款和提供竞争所需的资源"。政治制度并非是完全"中立"的,"制度为支持特定行为体进行了有偏向的动员"。[①] 政治制度总是有选择性的支持某一社会联盟,而其他政策联盟则可能在现有框架内并不占有优势地位。对外经济政策反映了那些在政治制度中占有主导地位的社会联盟的政策偏好。[②] 同时,制度的设计又是"公平"的,各种社会力量都可以借助这个平台来实现政治和经济利益。政治制度一经产生就具有强大的稳定性和约束力,一方面,为社会力量之间的竞争和冲突提供一个合法的制度框架,尽可能降低不同联盟因为利益纷争可能带来的政治冲突,通过形成参与者的政策偏好,政治制度简化了多元社会的复杂性;另一方面,制度一经产生,便具有强大的惯性,在新的制度均衡形成之前,这种制度约束会一直存在,避免了政策变迁可能引

[①] [美]海伦·米尔纳:《利益、制度与信息:国内政治与国际关系》,曲博译,上海人民出版社2010年版,第16页。

[②] John Ikenberry, "Conclusion: An Institutional Approach to American Foreign Policy", *International Organization*, Vol.42, No.1, Winter 1988, p.226.

发的社会冲突。

3. 制度影响观念的传播

宏观制度，特别是国家—社会关系，和观念的传播密切相关。观念可能不是组织创造的，但观念的传播一定需要借助组织。多边主义在中国的兴起进一步表明：大多数观念都有一定的影响力，但当某种观念为强大的政治组织所拥戴，并获得进一步的传播，观念的政治影响力才得以真正释放。

本书的第二章主要分析中国对外经济的政策目标和政策工具。政策目标反映了决策者在不同价值之间的一种选择。政策工具的多寡决定了政策目标的实现。政策目标和政策工具共同构成对外经济政策的两个重要方面。改革开放以来，中国的对外经济政策服从于两大战略目标："经济立国"和缔造稳定的国际环境。政策工具的选择并不是一个纯粹的技术活，受到国内社会、政治和官僚机构网络的制约。出口贸易、对外投资和区域贸易协定构成中国的政策制定者的主要工具箱。在不同的阶段，政策目标的侧重点不同，政策工具的组合策略亦不同，从而造就对外经济战略的阶段性变化。

第三章主要分析对外经济政策的观念因素。观念首先构成对外经济政策的理论来源，不同的理论流派具有不同的政策主张。中国对外经济政策的确立过程，也是各个理论流派相互竞争的过程。无论是外来观念，还是本土观念，不仅需要和一国国内政治经济变革相联系，获得某种影响政策选择的合法性地位，而且诸多观念在影响政策的过程中存在着竞争，经济观念只有上升为主导观念，才能对政策选择产生影响。

第四章从利益角度分析政策制定的社会基础。首先对社会进行分解。罗戈夫斯基的要素理论和古勒维奇的部门行业理论，构成社会细分的两大理论工具。其次，单一行为体影响政策的力量有限，社会行为体往往借助联盟的方式影响政策。利益相似，联盟形成；利益分化，联盟瓦解。最后，没有永久的利益联盟，联盟格局随着政策议题和时间阶段而变化。

本书的第五章围绕制度结构与对外经济政策展开。首先从纵向上把国内制度分为三个层面：宏观制度、中观制度和微观制度。其次，不同层面的制度影响对外经济政策的途径不同。中国的宏观制度表现出"强国家"的总体特征；以政府为核心的中观制度规定了政策权力在不同行为体之间的分配状况。中国对外经济决策的政治权力主要围绕执政党、政府、人民代表大会和政协展开角逐，政党和政府之间的关系、中央政府和地方政府之间的关系构成中观制度层面的主要内容。再次，微观制度是与对外经济政策的选择和制定关系最为直接的制度，也是本章的论证重点。微观制度即为对外经济政策的决策程序，包括参与对外经济决策的具体部门和机构，以及决策权力在部门之间的分配和协调模式。

五、研究方法

本书研究的主要目的是揭示中国对外经济政策的影响因素。在充分占有中、外文资料的基础上，主要运用了历史分析法和案例研究的方法。

本书进行历史分析的资料，主要来源于中国官方和非官方的文本。国际关系的研究者受到各种主客观条件的制约，不可能得到直接的经验事实，绝大多数的研究者只能利用有关事实和他人的解释。从这一点来说，"文本"构成了国际关系研究者最常见和最便利的研究资料。国际关系学者可以使用的文本有以下几类：第一，描述和记录经验事实的文本，这类文本是以新闻媒体的各种形式的报道为主；第二，国际互动当事方正式发布的文本，如联合声明、国际条约和协议等；第三，各种各样的研究性文本，如评论、论文、专著等。[①] 本书所使用的事实文本主要是指前两种类型。通过对中国共产党的历次代表大会政治报告、历届政府工作报告、领导人的重要讲话、主要官员的著述和传记等原始文本的处理和研究，以期对中国对外经济政策的历史变迁有个清晰的把握。

---

① 李少军：《国际关系学研究方法》，中国社会科学出版社2008年版，第10页。

在社会科学研究中，对因果关系的解释通常有个案式和通则式两种解释模式。① 所谓个案式解释模式是指研究者试图穷尽某一特定现象或事件的全部相关因素。② 约瑟夫·奈在《理解国际冲突：理论与历史》一书中试图找出所有导致第一次世界大战爆发的原因，就是一种个案式解释模式。当然在实际研究中，要穷尽现象的全部原因是很难实现的，那些在事件发生的不同阶段反复出现的问题，往往成为研究者重点解释的现象。

本书的案例分析，总体来说是一种个案式解释模式，在解释中国对外经济政策的历史变迁时，着重比较不同阶段政策目标的差异和政策工具的组合策略，并总结出贯穿于不同阶段的共同影响因素，具体来说：

1. 20世纪80—90年代，中国的对外经济政策的主要目标是追求经济增长，出口贸易成为实现经济战略目标的重要工具，被赋予战略高度的意义。观念的变化首先推动了决策者政策理念的转变，改革开放之前，建立完备的工业体系被认为是现代化建设的必要条件，后来国外的先进技术和经验被视为中国经济发展的必要条件。

2. 20世纪90年代，对外经济政策的目标呈现出多元化的特征：全面融入国际体系，实现经济、外交、安全等多重利益。外商直接投资成为实现政策目标的重要工具，中央和地方政府出台多种优惠政策鼓励外商来华投资。政策的转变同样源于观念的变化：如何认识国际体系的性质以及中国和国际体系的关系。

3. 进入21世纪，中国的对外经济政策更多服务于国内政治的需要：转变经济增长方式，实现经济结构转型。以WTO为核心的多边贸易谈判进展缓慢，区域贸易协定成为中国对外经济政策的主要手段。一方面，中国通过区域贸易协定积累多边治理的经验，争取获得更多的国

---

① 袁方：《社会研究方法教程》，北京大学出版社1997年版，第13—15页。
② [美]艾尔·巴比：《社会学研究方法》，邱泽奇译，华夏出版社2005年版，第22页。

际经济话语权；另一方面，中国凭借区域贸易协定，创造和周边国家相互依赖的态势，增强政治互信，实现和平崛起。

上述三个阶段中，观念、利益和制度构成对外经济政策变化的解释因素。在个案研究中，要想揭示出更多的信息，必须包括对同一变量的多种观察或者多个变量的统一考察，从而扩展个案研究的普遍价值，完善现有理论的不足。

第二章 中国对外经济政策：目标和工具

中国的对外经济政策长期以来是由两个最重要的政策目标所决定和塑造。1978年当中国决定向世界打开大门时，每一个人都深刻体察到中国经济和世界经济的巨大差距，这种差距越大，想要奋起直追的愿望也就越强烈，宏观经济增长成为国家政策的核心目标，改革开放以后的几乎所有政策都服从于这个目标，对外经济政策也不例外，加之中国的外交政策，从建国以来一直是国内政治的直接体现，对外经济政策很难与国内经济政策相隔绝。其次，致力于营造一个和平的国际环境符合中国的国家利益，也构成中国对外经济政策的重要目标。中国经济的持续增长离不开稳定的国际环境，特别是与周边国家的和平、稳定关系的维持。中国积极倡导以和平方式解决和周边国家的领土、领海争端，发起并参与区域贸易协定的签署，成为推动地区和平和稳定的重要力量。

政策目标反映了决策者在不同价值之间的一种选择。[1] 政策目标的实现取决于政策制定者手中掌握的政策工具的多寡。对外贸易、国际制度和外国投资成为中国实现对外经济政策战略目标的工具，政策目标和政策工具共同构成对外经济政策的两个重要方面，政策目标或工具的变化都可能引起政策本身的改变。

---

[1] ［美］彼得·J.卡岑斯坦：《权力和财富之间》，陈刚译，吉林出版集团有限责任公司2009年版，第364页。

1978年以后的中国对外经济政策在战略目标上归结为"经济立国",即宏观经济增长是政策的基本出发点,但安全和军事目标也常常在对外经济政策中占据重要的分量。"经济立国"的战略目标是建立在与国际制度合作的基础之上,"接受"而非"疏离"国际制度成为中国首要的政策选择。为了有效维持高经济增长速度,中国领导人选择性地使用了对外贸易、直接投资、区域贸易协定等多种政策工具,并在不同的阶段通过政策工具的组合策略实现战略目标的转变。

一、中国对外经济政策的战略目标

改革开放30多年来,中国的对外经济政策服从于两大战略目标:"经济立国"和缔造稳定的国际环境。"经济立国"或者说"经济第一",是中国对外战略的基本目标和根本动机,即中国对外政策中一贯追求的国家安全目标已被赋予了非常清晰的经济动机,而且成为根本的动机。[①]

(一) 战略目标之一:"经济立国"

外交政策中的经济动机在具体的国际行为有所表现。以中国参与多边经济体制为例,经济利益所起的驱动作用非常明显。中国参与国际经济体制的主要标准就是合作的收益和付出代价之间的关系。[②] 中国最早和世界银行展开合作,正是基于世界银行给予合作者的经济奖励,如技术转让、低息贷款、财政资助等,虽然合作可能带来对国家主权的侵蚀,但比起合作所带来的经济收益而言,这些代价是可以容忍的。特别是在改革开放初期,参与国际经济合作可以获取中国现代化建设急需的资金、技术和专家,这在当时尤为迫切。中国参与国际经济机制本着

---

① 时殷弘:《中国的变迁与中国外交战略分析》,载《国际政治研究》,2006年第1期,第34页。

② [美] 江忆恩:《中国参与国际体制的若干思考》,载《世界经济与政治》,1999年第7期,第4页。

"低成本"的原则，即参与某一国际条约或组织无需付出重大的机会成本，参与对于中国利益来说几乎没有确实的影响。[①] 特别是在中国领导人较为敏感的国家主权问题上，更强调参与不会对独立自主原则造成损伤。20世纪80年代到90年代，中国决策层在谈论对外开放时，基本是以提高"自力更生"能力为出发点，中国领导人反复强调：开放是"为了增强自力更生能力，促进民族经济的发展"[②]。所以中国对世界贸易组织之类的需要作出更多主权让渡的国际经济组织采取了暂时保留态度。中国参与国际经济体制更为看重绝对收益，而非相对收益。中国领导人提出的互利共赢的外交战略，就是主要从绝对收益的角度来看待国际经济合作；同样，中国加入世界贸易组织之前，国内学界对中国入世的利弊分析，基本结论是利大于弊，同样是从绝对收益的角度去考虑，但随着中国在国际谈判中话语权的增强，相对收益在战略目标中的重要性会逐步提高。

"经济立国"的战略目标的确立，首先表明外交服务于内政的决策思路依然延续。建国以来，中国外交政策的重大调整都和国内事务密切相关。20世纪80年代，中国决定改善和世界上主要资本主义国家的关系，正是服务于国内经济建设的大局。在中国领导人看来，对西方国家采取合作的态度，逐步融入世界经济体系，可以获得经济建设急需的资金、技术和经验，有利于国内政权的稳定。中国领导人一再宣称，中国的"外事工作必须坚持以经济建设为中心，紧密结合国内工作大局，在统筹国内国际两个大局中加以推进"[③]。其次，外交政策考量中经济利益上升，安全利益下降，但安全仍然是一国最重要、最根本、最核心的

---

① [美]江忆恩：《中国参与国际体制的若干思考》，载《世界经济与政治》，1999年第7期，第7页。

② 《全面开创社会主义现代化建设的新局面》，胡耀邦在中国共产党第十二次全国代表大会上的报告；《沿着有中国特色的社会主义道路前进》，赵紫阳在中国共产党第十三次全国代表大会上的报告，见中国共产党历次全国代表大会数据库，http://cpc.people.com.cn（访问时间：2015年12月20日）。

③ 胡锦涛在中央外事工作会议上的重要讲话，载《解放日报》，2006年8月24日。

国家利益。经济利益已成为中国国际行为的主要驱动力。① 确保外部的资金、技术、人才和经验的输入,以及国内商品、资本和劳务的输出,成为中国参与国际经济体系的主要动机。但传统的安全利益仍在对外经济政策中占据重要地位。2009年7月,胡锦涛指出,中国的外交工作必须为"维护国家主权、安全、发展利益服务"。负责外交事务的国务委员戴秉国在2010年12月发表的一篇文章中进一步阐述了这些核心利益:一是中国的国体、政体和政治稳定,即共产党的领导、社会主义制度、中国特色社会主义道路;二是中国的主权安全、领土完整、国家统一;三是中国经济社会可持续发展的基本保障。② 从这些表述可以看出,外交政策中的安全利益优于经济利益,如果两者发生冲突,经济利益让位安全利益。

(二)战略目标之二:营造稳定的国际环境

如果说"经济立国"的战略目标主要是从国内政治的角度来看待对外经济政策,那么营造稳定的国际环境则主要反映了中国和国际体系之间的身份和观念转变。小国一般只能适应环境,而大国不仅能适应环境,而且能营造和改变环境,并能根据自己利益的变化来选择战略,改变外部环境。③

1. 中国的对外经济政策目标的实现,高度依赖于现有的国际体系

中国的对外经济体制是由贸易和投资两个方面组成的。④ 中国经济的持续增长是建立在高度依赖外部市场和资源的基础之上。出口贸易和利用外资是中国经济的两大核心支柱。对外贸易在推动中国宏观经济增长的贡献较大。1990年以前,中国出口增长速度低于进口,对外贸易

---

① 王缉思:《中国大战略求索》,东方早报网,http://www.dfdaily.com(访问时间:2013年4月10日)。

② 戴秉国:《中国的核心利益是什么?》,共识网,http://www.21ccom.net(访问时间:2013年4月10日)。

③ 郝雨凡:《中国外交需要大战略》,载《南风窗》,2011年第5期,第61页。

④ [德]库尔特·胡必烈:《中国的对外经济政策分析:一种特殊转型模式下的对外经济政策》,载《财经科学》,2000年第3期,第99页。

占国民生产总值的比重（对外贸易依存度）为23.1%。1990年中国对外贸易依存度首次达到30%，出口总额赶上并超过进口总额，其中出口依存度为16.05%，进口依存度为13.84%。1990—2000年，中国采取了一系列的宏观经济调控措施，使出口额年均增长达到12.4%，超过了中国年均GDP的增长速度8.8%。劳动密集型产业崛起，出口加工贸易开展，使出口快速增长，中国对外贸易依存度于1994年突破40%。虽然1996—1999年四年内中国的对外贸易依存度有所滑落，但是基本在35%左右徘徊，2000年再次达到43.9%。2001年至今，特别是中国加入WTO以后，对外贸易对经济增长的作用日益明显，2004年中国进出口贸易总额历史性地突破万亿美元大关，超过日本，名列世界第三位，同期对外贸易的增长速度，远远高于中国国内生产总值的增长速度和世界贸易的增长速度。中国对外贸易依存度快速增加，2002年突破50%，2005年已经高达63%，2006年更是达到67%的高点。此后随着中国经济结构的调整以及国际金融危机的影响，对外贸易依存度逐步回落，2008年为60.2%，2011年降至50.1%，仅比2002年高0.1%。[1] 过去普遍认为，大国的对外贸易依存度不会太高，但是中国的对外贸易依存度已经跻身中等贸易依存度国家[2]行列，明显高于发达国家。从对外贸易依存度的国际比较来看，发展中国家的贸易依存度普遍高于中等收入国家，而中等收入国家的对外贸易依存度又普遍高于发达国家。[3]

利用外资有两种方式，一是借用外国资金，主要是指外国政府和国

---

[1] 文中数据根据中国商务部网站整理，http://www.mofcom.gov.cn/（访问时间：2015年12月20日）。

[2] 中等贸易依存度国家是指对外贸易依存度在30%—100%之间的国家。一般来说，发达国家的贸易依存度和经济规模成负相关，而发展中国家的对外贸易依存度却不是简单的负相关关系，像中国和印度这样的发展中国家，对外依存度均在40%—50%之间。参见世界银行数据库，http://data.worldbank.org.cn（访问时间：2015年4月10日）。

[3] 傅钧文：《外贸依存度国际比较与中国外贸的结构型风险分析》，载《世界经济研究》，2004年第4期，第25页。

际金融组织贷款；二是外国直接投资。1992年以前，中国利用外资的主要形式是政府贷款。外商直接投资（FDI）在经济增长中作用并不明显，中国利用FDI在国内生产总值中的比重不到1%。即使是来自世界银行的贷款，中国也较为谨慎地对待。1984年世界银行派出考察团来中国进行经济考察，1985年提交了《中国：长期发展问题和可选择方案》的考察报告。报告中指出："中国恢复对外经济联系之后，出口额占到国民收入的9%—10%，但是外来贷款额和外来投资额仍然很小，主要原因在于外贸顺差可以弥补国内积累的不足。"[①] 1992年，利用外商直接投资首次超过对外借款，此后，外商直接投资成为中国利用外资的最主要的方式（见表2.1）。吸收外资的规模和速度在发展中国家排在最前面，1993年起中国连续15年成为吸收外资最多的发展中国家。

综上所述，中国宏观经济增长主要依赖于国际市场和外部资源。中国政府积极创造条件吸引外资，依靠外资带动出口，以出口来带动经济增长。反过来，高度依赖出口的外向型经济模式所带来的经济收益，进一步强化了国际主义和多边主义在对外经济政策中的主导地位，中国愈益融入世界经济体系之中。

表2.1 中国实际利用外资金额

单位：（亿美元）

年份	对外借款	外商直接投资	外商其他投资	总计	外商直接投资在国内生产总值的比重(%)
"七五"时期	301.2	142.6	19.0	462.8	0.76
"八五"时期	455.8	1141.8	13.0	1610.6	4.14
"九五"时期	559.0	2134.9	204.0	2897.9	4.72
"十五"时期	——	2668.9	146.2	2815.1	3.0
"十一五"时期	——	4259.5	153.42	4422.9	2.1

来源：中华人民共和国国家统计局网站，http://www.stats.gov.cn/。

---

① 世界银行1984年经济考察团：《中国：长期发展问题和可选择方案》，中国财政经济出版社1987年版，第185页。

2. 中国对外经济战略目标的高度国际化

随着中国经济与世界经济的高度依赖,中国的国际身份认同逐步发生变化:从一个体系外国家转变为体系内国家,从一个致力于推翻旧秩序的革命者转变为一个刻意维持现状的国家。中国的决策者越来越意识到国家利益的实现高度依赖国际体系,一个和平、稳定的国际环境有利于中国国内的经济和社会建设。

不可否认的是,中国国家利益的很大一部分已经与国际社会的共同利益融合或同化。[①] 这种融合或同化主要体现在价值层面和具体行为中。在价值观层面,尽管存在意识形态上的差异,中国逐步认同和分享国际社会的普遍价值观念,公正、自由、民主、法治、透明等世界各国共享的价值观念在中国的治国理念和政策观念上均有所体现。改革开放初期,中国决定和欧美等资本主义国家开展经济往来,经济利益是其政策的主要出发点,决策者有意识回避了价值观念和意识形态是否可以成为合作基础的问题。邓小平提出"不争论"的外交哲学,其实间接承认了中国政治制度和意识形态并不会成为中国参与国际经济合作的制度和价值障碍。随着中国经济和世界经济相互依赖加深,意识形态和价值观念的争论更失去了现实基础。中国领导人越来越倾向于从"世界中的中国"出发去理解和制定中国的外交政策。"和谐世界"、"互利共赢"等外交理念的提出,正是中国和国际社会价值和理念趋同的表现。价值观念主要是通过具体的国际行为体现。中国在国际交往中越来越多地倚重国际组织和国际机制,多边主义成为中国对外经济政策的题中之义,特别是在一些具体的功能性问题,如气候变化、环境保护、反恐、能源安全等领域,中国加强了和多边经济组织以及其他国家的合作,在应对金融危机等全球性问题方面,中国表现得更为积极和主动,履行一个"负责任大国"的政治诺言。

---

① 时殷弘:《中国的变迁与中国外交战略分析》,载《国际政治研究》,2006年第1期,第37页。

价值理念和具体行为互为因果。政策理念中"国际主义"的成分越显著,中国决策者越倾向于相信多边交往、国际合作有助于国家利益的实现,中国的国际行为表现为日益融入国际体系。反过来,与国际体系的依赖程度越高,那些从国际合作中获利的行为体联合起来,要求进一步向国外开放市场,并寻求对外交政策的影响。

中国国家利益的国际化特征必然要求决策者在国际主义和民族主义寻求折衷。与改革开放前的强现实主义外交政策不同,中国降低了外交政策中的民族主义烈度,更倾向于用谈判、协商的方式解决和周边国家的领土、主权问题。与此同时,经济全球化已经把中国的国家利益和世界主要大国的利益捆绑在一起,一定程度上消解了崛起国和主导国之间由于权力转移造成的紧张和冲突,减缓了双方进行政治和军事对抗的风险。正如有的学者指出的那样,中国"接受全球化",融入国际经济体系,实际上是一种旨在破解安全困境、加强其军事安全的大胆举动。① 同时,世界经济的一体化对外交政策的战略目标和行为方式形成制约,中国从现有的政策立场和行为发生后退的可能性极低。各国政策日渐趋同,任何国家所做的任何改变都有可能与世界经济政治领域内的主要大国政策不协调,政策倒退的风险增大。现任政府所能做的就是将国家紧紧绑在全球化的这艘轮船的桅杆之上,让其后任再也无法解开。②

二、中国对外经济战略的政策工具

政策制定者在追求其目标时可以使用的工具也限制了对外经济政策的战略。这些工具主要有出口补贴、关税、配额、外汇控制、产业政策、国际协定等,有时候也涉及各种货币和财政政策。政策工具的选择

---

① [英]珍妮·克莱格:《中国的全球战略:走向一个多极世界》,葛雪蕾等译,新华出版社2010年版,第125页。
② [美]罗伯特·基欧汉:《霸权之后:世界政治经济中的合作与纷争》,苏长和等译,上海人民出版社2001年版,第118页。

并不是一个纯技术问题,"每一种工具背后都有自己的社会、政治和官僚机构网络"[①]。政府在选择政策工具时,往往综合考虑了文化传统、国内结构、历史惯例以及以往政策工具的多种因素。在日本,政策制定者偏爱使用产业政策来实现政策目标,而在英国,财政和货币等宏观经济政策在维护英镑的国际地位过程中发挥了关键的作用。尽管不同的国家使用不同的政策工具来实现政策目标,政策工具的选择并不是单一的,而是多种工具的组合。日本政策制定者综合使用了产业政策、行政指导、出口贸易等多种政策工具,英国的政策制定者则混合了意识形态、机构重组、货币和财政政策等多种工具。[②] 中国的政治决策者可供支配的政策工具主要有进出口贸易、直接投资和区域贸易协定。

(一) 鼓励出口贸易

改革开放以后,中国宏观经济的增长动力主要来自出口贸易,这从出口与 GDP 的增长率的关系上就可以看出。1976 年中国的出口增长率仅为 5%,1987 年上升到 12.2%,而到了 1997 年则高达 23%,同期的 GDP 年增长率分别为 1.7%、11.6% 和 8.8%。2000 年以后,中国出口量年均增长速度基本保持在 17% 左右。[③] 近几年,虽然出口贸易对经济增长的拉动效应下降,但仍然是中国经济增长的"三驾马车"(投资、出口和内需)。

出口贸易带动经济增长的显著效应,进一步加固了中国采取出口驱动型的贸易政策。中国政府采取多种措施鼓励出口贸易。首先,对外贸易工作被赋予战略意义的高度。20 世纪 80 年代到 90 年代,出口贸易增长幅度直接关系到国民经济的健康发展。党的领导人在各种场合多次强调:"必须处理好出口创汇和经济效益的关系。出口创汇能力的大小,

---

[①] 陈振明:《政策科学:公共政策分析导论》,中国人民大学出版社 2003 年版,第 174 页。

[②] [美] 彼得·J.卡岑斯坦:《权力和财富之间》,陈刚译,吉林出版集团有限责任公司 2009 年版,第 366—375 页。

[③] 数据来自中华人民共和国商务部网站,http://www.mofcom.gov.cn/(访问时间:2015 年 10 月 12 日)。

观念、利益和制度：国内政治与中国对外经济政策

在很大程度上决定着我国对外开放的程度和范围，影响着国内经济建设的规模和进程。"① 随着中国经济增长的动力由外需转向内需，出口贸易所具有的战略地位逐步下降，但在对外经济工作中仍占有重要地位，只不过由过去的单纯强调出口增长转变为对外贸易的平衡发展。中国决策者不再强调对外贸易的战略地位，转而重视国内市场在推动经济结构调整方面的重要作用。出口利益由战略目标回落到部门目标，国务院主管对外贸易的职能部委，以及沿海地方政府成为出口利益的主要追求者。世界金融危机和欧洲债务危机引发的中国出口需求在世界范围内持续减少，出口部门所具有的优势地位下降。出口利益被整合进对外经济政策之中，服从于国家对外经济战略的转型。

其次，出台优惠政策鼓励出口，代表性的政策是出口退税政策②。1985年中国开始实行出口退税制度，目的主要是增强本国产品的国际竞争能力，促进出口增长，提高出口创汇能力。出口退税制度对鼓励出口、促进出口起了一定的积极作用，调动了外贸出口企业的积极性。2008年金融危机之后，调整出口退税政策的呼声再次响起，主要集中在取消或降低"两高一资"（高耗能、高污染、资源性）产品的出口退税，目的很明确，就是为了缓解贸易顺差过大以及调整产业结构。目前中国的出口退税政策尚不稳定，调整的方向取决于当年的出口成绩以及各部委的平衡。2008年金融危机开始时，出口压力增大，国家加大了出口退税率的调整频率和幅度，十个月内出口退税税率经历了七次上调。2010年全球经济出现复苏迹象，中国的出口回暖向好，又出现了"出口退税率是否应该下调"的争论。商务部一贯主张保持出口退税政策的稳定，因为大的国际环境尚有不稳定的因素。针对部分专家和学者的"出口退税几乎都补贴外商和国外消费者"的意见，商务部官员强

---

① 《认清形势 采取措施 千方百计扩大出口》，李岚清在全国外贸工作电话会议上的讲话（摘要），载《国际经济合作》，1993年第7期，第7—8页。

② 出口退税是指对出口货物退还其在国内生产和流通环节实际缴纳的产品税、增值税、营业税和特别消费税。

调"调高出口退税率不是简单的补贴,是要保市场。只要东西卖出去了,政策目标就实现了,我们要的并不是利润"①。商务部主要从出口利益出发,考虑到目前国际经济危机的影响远没有结束,中国经济不可能完全实现由依赖外需向依靠内需转变,在现阶段还需要内外需并举,所以主张出口政策的调整应该以维稳为主。财政部和国家发改委等部委主要面临节能减排、产业结构调整等国内压力,通过取消出口退税,可以提高"两高一资"产品生产企业的成本压力,促进企业转型和技术进步,从而带动整个产业结构调整。同时出口退税政策属于国家财政税收政策的一部分,部分学者质疑:"税收属于公共收入,应服务于公共利益。而对'两高一资'产品企业的出口退税政策恰恰违背了保护环境的要求,没有体现财政政策的公共服务特性。"② 主张取消"两高一资"产品的出口退税政策的学者和官员认为,这一政策举措有助于表明政府加强"十二五"期间节能减排工作力度的意图,也是对财政税收政策的完善和改进,表明国家税收体系正朝着资源节约和环境友好的方向转变。

(二) 外国直接投资

中国开放战略的直接构成之一就是鼓励外国直接投资。中国政府对资本项目的开放一直秉持谨慎的态度,以国外贷款为例,中国一直主张贷款数量应该和吸收能力和偿还能力相挂钩,但是在外商直接投资方面是个例外。中国一直鼓励外国直接投资,因为在中国决策者看来,外国直接投资不仅可以改善中国的国际收支平衡,而且可以同时引进国外先进的管理技术和经验,后者恰恰是中国现代化建设急需的。80年代,中国吸收外商直接投资金额小幅攀升;90年代,中国吸收外资的相对数量和绝对数量更是大幅上升,不仅在发达国家,而且在发展中国家也处于领先地位。外商直接投资在利用外资中比例的提高,主要反映了中

---

① 《商务部力挺出口退税称出口不是为了利润》,载《经济观察报》,2009年8月29日。
② 孙韶华:《"两高一资"产品出口退税或再降》,载《经济参考报》,2011年1月24日。

国决策层对外国直接投资的态度的转变。"过去跨国公司被视为依附的化身,现在关于它们带来的正面溢出效应的报道越来越多。"①

为了鼓励外商来华直接投资,中国政府出台了一系列优惠政策,主要包括产业指导、地区政策和税收政策。产业指导主要是指政府以法规形式将吸收外商投资的产业政策公布,提高了政策的透明度。这个规定将产业专案分为鼓励、允许、限制和禁止四大类,令投资者一目了然,同时也可以引导外商投资和国内产业重点相结合。地区政策是指继续发挥东部地区吸收外资优势的同时,积极引导和鼓励外资投向中西部地区。税收政策是指中国对外商投资企业实行低税收政策,并对国家鼓励投资的行业、地区实行税收优惠。中国对于外资企业的最高级待遇,莫过于"两免三减半"的免税政策,即外商投资企业可享受从盈利年度起2年免征、3年减半征收企业所得税的待遇,加上减免的城市维护建设税和教育附加税等,外企可减免接近40%左右的税负,这意味着外企比中国本土企业拥有40%左右的成本优势。2007年3月,《企业所得税法》颁布,统一了内外资企业所得税。内外资企业的所得税税率均为25%。而在这之前,外资企业所得税率为15%,合资企业为17%,而内资企业则为33%。外资企业"超国民待遇"由此可见一斑。2010年4月15日,国务院公布的《关于进一步做好利用外资工作的若干意见》(以下简称《意见》),主要是根据中国经济发展需要,结合国家产业调整和振兴规划要求,鼓励外资投向高端制造业、高新技术产业、现代服务业、新能源和节能环保产业,严格限制外资投向"两高一资"和低水平、过剩产能扩张类项目。外资企业在税收政策上享有的"超国民待遇"彻底终结,但是这并不代表中国吸引外资的政策会发生变化,"中国在任何时候都需要外资,但现在利用外资的理由已经同20世纪80年代有所不同,不仅仅是因为其技术、管理经验和治理机制比国内的企业先进,更主要的原因是需要外资来'搅局',即需要外企来促进

---

① [美] 丹尼·罗德里克:《新全球经济与发展中国家》,王勇译,世界知识出版社2004年版,第38页。

和激活国内的市场竞争"①。

随着外资在华"超国民待遇"的终结,围绕外资引起的国务院相关部委职能调整继续进行。为了贯彻落实上述外资新政,国务院办公厅于2010年8月18日下发了《贯彻落实国务院关于进一步做好利用外资工作若干意见部门分工方案》(以下简称《分工方案》),将利用外资中涉及的相关部门的工作进一步细化分解,引发外资政策相关的决策体制调整。以《意见》中的优化利用外资结构为例,优化外资结构主要是根据我国经济发展需要,结合国家产业调整和振兴规划要求,鼓励外资投向高端制造业、高新技术产业、现代服务业、新能源和节能环保产业。严格限制"两高一资"和低水平、过剩产能扩张类项目。该项工作主要是国家发改委牵头,商务部负责协作,具体涉及土地供应、科研合作等具体工作的落实,需要工业和信息化部、国土资源部、财政部、科技部、海关总署等部门的配合。商务部"宏观指导全国外商投资工作"的职能面临进一步分解。一方面,外商直接投资逐步和国内经济结构调整接轨,服务于国家产业调整的整体要求;另一方面,外商直接投资政策的决策权力进一步分散,外资政策的未来走向取决于商务部和其他相关部委的权力博弈,特别是与国家发改委。

(三) 自由贸易协定

20世纪90年代以来,以自由贸易协定(Free Trade Agreement,简称FTA)为特征的区域主义成为贸易自由化的主要途径。根据WTO的统计,截止到2015年12月1日,通知WTO的自由贸易协定的总数已达619个,其中413个已经生效。② 相比较于欧美等国家,东亚国家是区域贸易协定的后来参与者。东盟最早启动了亚洲区域一体化的进程,并成为推动该地区经济一体化的主导力量。中国在1991年加入亚太经

---

① 王仁贵:《中央调整引资政策 外资"超国民待遇"时代谢幕》,载《瞭望新闻周刊》,2010年第4期。

② 世界贸易组织网站,http://www.wto.org/english/tratop_e/region_e/region_e.htm(访问时间:2015年12月20日)。

合组织后开始尝试区域主义。21 世纪初期，中国密集地展开区域经济外交，与五大洲的 22 个国家和地区签署 14 个自由贸易协定。正在谈判的自由贸易协定有 8 个，同时，中国正在研究与印度、哥伦比亚、摩尔瓦多、斐济的自由贸易协定。① 十年多的时间，中国与如此众多国家和地区签署了 FTA，其发展速度远远超过了其他国家，并由此形成了一个"中国—中心化"的区域贸易安排网络。② 以 FTA 为基础的自由贸易区战略成为中国参与国际区域经济合作的主要方式。

中国的自由贸易区战略呈现出实用主义的特征。③ 这里的实用主义主要是指中国已经签署和正在谈判的自由贸易协定并没有统一的模式，在内容、形式和结构上呈现出多样性。中国之所以会选择和不同的贸易伙伴采用不同的合作模式，正是希望通过自由贸易协定这种国际经济合作的初级形式，实现不同的外交和战略利益。如中国—东盟自由贸易协定主要是基于地缘政治因素，中国希望借助自由贸易协定平衡美国在东亚的影响，以及减少东亚国家对中国和平崛起的隐忧。与新西兰、智利等国的自由贸易协定则被赋予能源安全的考虑。④ 但是，很难对中国参与每一个自由贸易协定的动因进行简单推断，经济利益、政治利益和安全因素都会成为自由贸易谈判的出发点和基本动机。总的来说，通过经济治国之道以实现"和平崛起"是中国 FTA 战略的背后动机。⑤ 经济治

---

① 参见中国自由贸易区服务网，http://fta.mofcom.gov.cn/index.shtml（访问时间：2015 年 12 月 20 日）。

② Shigehisa Kasahara, "The Flying Geese Paradigm: A Critical Study of Its Application to East Asian Development", Discussion paper of United Nations Conference on Trade and Development, April 2004, pp.28-29.

③ Jose Guerra Vio, "China's Calculus in the Asia-Pacific Region: A Political Strategy through Economic Integration", International Doctoral Program in Asia-Pacific Studies, National Chengchi University; Dan Wei, "China's Regional Trade Agreements: Implications and Comments", *Manchester Journal of International Economic Law*, Vol.6, 2009, p.94.

④ Jiangyu Wang, "China's Regional Trade Agreements: The Law, Geopolitics, and Impact on the Multilateral Trading System", *Singapore Year Book of International Law*, Vol.8, 2004, p.129.

⑤ 王俊：《区域主义的新路径》，载《国外社会科学》，2011 年第 5 期，第 52 页。

国之道主要是利用经济手段或资源实现国家战略目标,在当下,通过贸易自由化确保经济增长和可持续发展就是中国的经济治国之道,特别是在全球贸易自由化谈判停滞不前的情况下,区域贸易自由化更是成为中国保持经济增长的必然选择。

对外经济政策的战略选择取决于政策制定者在目标和可供选择的工具之间的组合。改革开放30多年,中国对外经济政策的战略转变基本方向是由封闭型经济向开放型经济转变,由有限开放向全面开放转变,"经济立国"和"营造稳定的国际环境"正是由上述转型任务派生出来的,各种政策工具的组合使用同样服务于这一战略转型。但是这一战略转型历经几个阶段,时至今日尚未完成,转型之路仍在继续。

三、中国对外经济政策的历史演变

1949年中华人民共和国成立之初,并不打算采取闭关自守的对外经济政策,而是希望和其他国家发展经济合作和对外往来。1949年6月15日,毛泽东指出:"中国人民愿意同世界各国人民实行友好合作,恢复和发展国际间的通商事业,以利发展生产和繁荣经济。"[①] 1949年9月29日,中国人民政治协商会议第一届全体会议通过的《中国人民政治协商会议共同纲领》确定:"中华人民共和国可在平等和互利的基础上,与各外国政府和人民恢复并发展通商贸易关系。"由此可见,发展对外经济关系是新中国的基本国策之一,只是这样的设想随着1950年朝鲜战争的爆发中途夭折。国际环境中的对抗和冲突使得中国只能选择内向型的发展战略,直到1977年"文化大革命"结束,重新确立了以经济建设为中心的发展道路,开放战略才得以取代封闭战略,成为中国对外经济政策的必然选择。

---

① 毛泽东:《在新政治协商会议筹备会上的讲话》,见《毛泽东选集》(第四卷),人民出版社1991年版,第1353页。

(一) 有限开放

其实早在"文化大革命"尚未结束的 1972 年,中国就已经开始改变闭关自守的做法,与西方国家发展贸易关系,只不过范围和程度有限。1978 年,党的十一届三中全会正式确立"对外开放"的战略方针,中国和世界其他国家的外交和经济关系步入正轨。但是在 80 年代初期,中国的国内市场并未完全和国际接轨,实行的是有限开放的战略。主要原因在于:

首先,中共决策层在对外开放的问题上存在分歧。1980 年以前,党内名义上的最高领导人华国锋试图在毛泽东遗志和开放之间寻找平衡。[①] 和邓小平一样,华国锋并不反对现代化建设,在引进外国技术方面,华国锋和邓小平的想法是一样的,但华国锋的对外开放是建立在进口替代战略之上的:通过出口石油赚取外汇,用来支付进口项目,与邓小平的出口导向战略完全不同。加之二者在政治路线上的基本分歧,邓小平未能和华国锋达成对外开放的战略联盟。在这之后,中国最高决策权力集中在邓小平和陈云手中。[②] 在引进国外先进技术以及和外国公司展开合作的问题上,邓小平和陈云之间也存在诸多分歧。邓小平获得国内"建设派"和沿海地方政府的支持,主张积极引进国外的技术、工厂和项目。陈云的支持者主要是"平衡派",他们多集中在国务院的财政部、国家经委、国家计委和各大银行。"平衡派"主要关注预算平衡、外债的偿还能力和国内重点项目的建设。两种意见的分歧和争论在 80 年代和 90 年代前期的对外经济决策中始终得到反映。

其次,中央政府和地方政府之间、沿海城市和内地城市之间围绕吸引外资、建立经济特区等问题也展开激烈的争论。走在改革开放前沿的

[①] [美] 傅高义:《邓小平时代》,冯克利译,生活·读书·新知三联书店 2013 年版,第 192 页。

[②] 有人把中国改革年代的政治力量称为双峰政治,基本揭示了这一时期的政治现实。参见杨继绳:《中国改革年代的"双峰政治"和"两点碰撞"》,见共识网:http://www.21ccom.net(访问时间:2013 年 4 月 15 日)。

广东和福建两省在80年代早期既面临着来自北京的保守政治势力的压力,也面临着其他省级政府的竞争压力。

上述分歧和争论决定了中国改革开放初期的对外经济政策战略呈现下述特征:第一,关注开放战略的政策效应。改革开放初期,国外投资者和外国政府普遍对中国开放政策的长期性存在疑问。中国政府出台各种政策大力引进国外先进技术和管理经验,鼓励外商来华投资,一方面,追逐经济利益是其行为的根本动机,只有借助国外先进的技术和管理经验,才能实现中国经济的快速发展;另一方面,通过开展对外合作,向世界宣布中国政府开放的信念和决心,则更为迫切。邓小平曾多次在不同场合强调中国对外开放政策的长期性,在讲到国外投资者担心合作风险太大、法律法规不完善时,他说:"中国在处理对外经济合作的一些细节问题上,不是小手小脚的。为了发展中外经济合作,中国要创造条件……不必担心我们的政策会变。"① 有鉴于此,该阶段的国际经济合作以政策驱动为主,国际经济合作的主要目的是向外界表明中国开放政策的长期性和稳定性。

第二,作为"工具"的国际经济体系。国际经济体系的"工具性"含义是指在中国国内并不完全认同中国的国家利益和国际社会的利益高度一致。中国国内的主流观点仍然从"霸权"的角度看待国际经济体系,认为现有的国际体系主要是由西方国家主导,代表了欧美等发达国家的利益,大多数发展中国家的利益并没有得到体现。有鉴于此,中国仍将致力于按照"公平合理和平等互利的原则改革现存的国际经济秩序"②。最高决策者认识到中国的国家利益的实现有赖于和平和稳定的国际环境,但主要是从工具和背景层面来认识国际制度。

第三,服务于自力更生的开放战略。对外开放是基于国内改革的需

---

① 邓小平:《邓小平文选》(第三卷),人民出版社1993年版,第280页。
② 赵紫阳在墨西哥坎昆举行的关于合作与发展的国际会议上发言,节选自中国经济体制改革研究会编写组:《中国改革开放大事记(1978—2008)》,中国财政经济出版社2008年版,第58—59页。

要，实行对外开放是在自力更生能力基础上的开放，对外开放的目的是为了增强自力更生的能力。这从国内对待进口和出口的态度就可以看出。中国国内普遍对进口持谨慎态度，认为只有那些国内不能生产或生产很少的产品进口才是必要的，在国内市场中的占有量也应该是很小的。国内生产的产品应该以国内市场为主，面向国际市场生产的产品在国内生产总值中的比重不易过大。① 这种以内向发展为基础的开放战略还体现在技术和资金的引进方面。"引进国外先进的技术是重要的，但更为重要的是在学习外国先进技术的基础上开发适用于中国的新技术。"② 由此可见，对外开放初期，中国比较重视技术创新和自主研发，但这种技术立国的思路随着对外开放的深入进行反而有所削弱，对于中国来说，通过引进外资，以廉价劳动力参与国际分工，在没有建成有效的内生创新机制之前，就可以推动出口和刺激经济增长，缺少自主创新的动力。

（二）全面开放

1992年召开的党的十四大确立了全面对外开放的方针，"所谓全面开放，不同与一般的对外开放，它是强调开放领域、开放范围的全面性"③。中国顺应经济全球化的发展趋势，融入以生产要素为基础的国际分工，积极进行加工贸易。中国的加工贸易占到中国贸易总额的50%以上。④ 1997年召开的党的十五大把对外开放视为一项长期的基本国策，对外开放政策被提升到战略高度。开放政策的稳定性和长期性不言自明，对外开放战略服务于新的政策目标。

---

① 董辅礽：《关于在对外经济关系方面中国经济发展战略的几个问题》，载《国际社会科学杂志》（中文版），1985年第3期，第54页。

② 董辅礽：《关于在对外经济关系方面中国经济发展战略的几个问题》，载《国际社会科学杂志》（中文版），1985年第3期，第53页。

③ 胡鞍钢、门洪华：《从对外开放到全面开放：回顾与前瞻》，载《国情报告》，2008年第2期，第6页。

④ ［美］高柏：《经济意识形态与日本的产业政策》，安佳译，上海人民出版社2008年版，中文版序言。

首先，国家利益和国际社会利益的高度一致。中国参与国际合作的进程是一个对国家利益的认知不断变化的过程。无论中国奉行的是闭关自守的外交政策还是对外开放的外交政策，都是基于对国家利益的追求，只不过是对国家利益自身及其实现手段上的认知发生了变化。1978年，中国打开国门，正是认识到中国和国际社会之间存在某种程度的共同利益：中国需要和平的环境来发展国内经济，世界需要一个稳定和开放的中国。中国通过积极拓展双边和多边合作来维护和促进自身利益，也兼顾他国利益和国际社会的利益，特别是中国经济和世界经济的相互依赖的加深，引导中国调整政策实现国家利益和国际社会利益协调、统一，即共有利益的塑造。① 而在此过程中，中国领导人对重大国际问题以及国家间关系有了新的认识，逐渐形成了有助于维护共有利益的观念和文化，如和平、共赢、合作、协调等理念。这些共有观念的形成和增强反过来促使新的共同利益的形成。随着中国参与国际分工的深入发展，中国国家利益的实现越来越依赖于国际社会，国家利益和国际社会利益的一致性增强，分歧减小，正如中国常驻联合国日内瓦办事处代表何亚非所言："当今世界各国相互依存、利益交融，日益成为安危与共、密不可分的利益共同体，中国的利益与国际社会的利益高度一致。"②

其次，关注开放战略的经济效益。80年代，中国的对外开放战略主要是政策驱动，而到了90年代，对外开放的政策驱动效应减弱，利益驱动效应增强。以对外贸易为例，中国政府在促进外贸上采取了人民币贬值与出口补贴相结合的政策支持。从80年代开始，人民币经历了一个渐进的贬值过程，美元对人民币的比值从1981年的1∶1.71上升至1994年的1∶8.62。从1981年开始，除少数高通货膨胀年份外，人

---

① 所谓共有利益并不完全等同于共同利益。相关文献请参考：阮宗泽：《试析共有利益与国际秩序的稳定》，载《国际问题研究》，2006年第6期；王公龙：《国家利益、共有利益与国际责任观》，载《世界经济与政治》，2008年第9期；房慧贞：《共有利益与中国和平发展》，外交学院博士学位论文，2012年。

② 新华网，http://news.xinhuanet.com/world/2011-10/20/c_122177353.htm（访问时间：2015年4月14日）。

民币汇率与出口成本基本持平。① 人民币的汇率政策及其他措施,极大地增强了企业出口产品的市场竞争力。同时,中国政府对出口企业,特别是国营贸易公司实行了直接出口补贴,如给予某些亏损国有企业以出口业绩为基础的优先贷款,以及根据生产的国产化率给予优惠关税税率等,这一直接补贴政策一直到1991年才彻底结束,但地方政府出台政策补贴出口企业的行为一直未曾间断,如设立财政扶持专项资金、给予传统商品出口退税差额资助等,这在一定程度上增大了中国遭受反倾销诉讼的风险。

一旦借助政策把企业或其他经济体引入到国际市场之中,利益所起的驱动作用远甚于政策。中国选择的开放道路是以市场来换取经济增长,而在现代国际经济体系中,后发展中国家纷纷借助国际贸易或经济开放,充分发挥比较优势,参与国际经济大分工,依靠国际贸易从国际市场上获得经济发展的资金,逐步实现工业化。一国经济总体上与国际市场的联系程度可以通过对外贸易依存度来衡量②,从1978年到2004年,中国的对外贸易依存度从9.8%左右上升的65%,对外贸易依存度的提高是经济全球化的一个必然结果,而在经济全球化如此普遍的今天,任何一国的企业参与国际经济合作,基本是受对外贸易利益的驱动,希望获取更多的经济利益。当然,有时候政策驱动的效应和利益驱动效应很难区分清楚,中国融入世界的进程越来越多地体现为政策和利益的双轮驱动,参与行为更为自主和活跃。

再次,全面接受多边主义。现阶段,中国"积极参与区域经济合作和全球多边贸易体系"③。1986年中国提出复关申请,2001中国正式加

---

① 赖平耀:《中国的对外贸易:绩效、问题及未来的政策选择》,载《国际经济评论》,2005年6月,第14页。

② 佟家栋:《对外贸易依存度与中国对外贸易的利益分析》,载《南开学报·哲社版》,2005年第6期,第16页。

③ 《高举邓小平理论伟大旗帜,把建设有中国特色社会主义事业全面推向二十一世纪》,江泽民在中国共产党第十五次全国代表大会上的报告,1997年9月12日,见中国共产党历次全国代表大会数据库,http://cpc.people.com.cn(访问时间:2015年12月3日)。

入世界贸易组织,从行为上表明对多边经济体制的支持。多边主义不仅仅具有政策工具的意义,而且构成政策目标本身。党的十五大报告第一次指出:"要积极参与多边外交活动,充分发挥我国在联合国以及其他国际组织中的作用。"十六大报告继续声明:"我们将继续积极参与多边外交活动,在联合国和其他国际及区域性组织中发挥作用,支持发展中国家维护自身的正当权益。"从国家领导人在党的政治报告中的措词表达可以看出,中国对多边制度的参与正在实现范围延伸和功能拓展。范围延伸是指参与由联合国向其他全球性国际组织拓展,由全球性国际组织向区域性国际组织延伸;功能拓展是指从综合性国际组织向专门性国际组织拓展;从权利和义务对等程度上看,中国对多边制度的参与注重责任和义务并重。中国选择多边主义,体现了主权国家对国际秩序和国际道义的永久追求,代表了主权国家作为国际社会的成员,对国际规范和国际法义务的遵守。进入新世纪,中国不仅主动参与全球的多边经济体系,而且成为亚洲地区多边主义的重要推动力量。中国的地区经济战略和全球战略进一步整合,借助区域经济合作的平台,中国可以积累全球经济治理的经验和影响,为进一步提高国际议程创设能力打下基础。

(三) 回归社会

回归社会是指对外经济政策中的"经济主义"倾向减弱,"社会福利"倾向增强,集中表现为:开放战略服务于国内经济结构调整,增强国内各产业部门应对国际竞争的能力;借助多边主义和地区主义实现综合利益。

首先,开放战略服务于国内经济转型。对外经济政策再次和国内经济社会改革接轨,主要表现为对进出口战略的调整。改革开放以来,中国坚持出口导向的发展模式,通过政策调整,推行以出口创汇为主要目的对外贸易政策,坚持"鼓励出口、限制进口"的原则,以出口带动经济增长。现在,国家逐步调整对外贸易政策的方向,更大规模的进口被赋予新的使命。"扩进口、稳出口、降顺差"已被确定为"十二五"

期间对外贸易发展的总体目标。促使对外贸易政策调整既有国内因素，也有国际因素。从国内来说，过于强调出口造成了企业技术进步缓慢、效率下降，不利于产业升级和技术创新。加之扩大进口的战略也和扩大内需的经济目标向吻合。从国际环境来看，长期的贸易顺差加剧了中国和主要贸易伙伴的贸易摩擦，来自商务部的资料显示，外贸顺差的过快增长，加剧了中国与欧盟、美国等主要贸易伙伴的贸易摩擦。中国已经连续多年成为世界上遭受反倾销最多的国家。[①] 外贸顺差的压力首次来自于2007年，当年中国对外贸易顺差达到2622亿美元，同比增长了47.7%，居世界第一位；2008年，贸易顺差的绝对值攀升至2954.6亿美元，此后受金融危机影响，出口市场紧缩，出口总额有所下降；2010年3月，进口同比增长66%，中国外贸六年来首现逆差。特别是在减少出口、人民币尽快升值不可行的情况下，适度增加进口成为降低贸易顺差的唯一途径。在未来一段时间内，国内经济结构转型和国际经济平衡发展的压力会促使中国的对外贸易政策调整继续沿着"扩进口、稳出口、降顺差"的思路走下去。

其次，借助多边主义和地区主义实现综合利益。多边主义在中国显示其良好意图和表现出接受约束的态度方面的作用正日益受到重视。[②] 借助多边机制，中国可以向世界上其他国家传达中国和平崛起的良好意图，培育遵守机制、履行承诺的良好声誉，但是多边主义机制很难满足中国的全部国家利益。现有的多边机制基本上是由西方国家创设的，在未来一段时间，中国在全球政治和经济舞台上只能拥有有限的影响力。而地区多边主义被认为是应对周边国家对中国崛起担忧的有效途径，而

[①] 数据来自商务部网站，http://www.mofcom.gov.cn/article/tongjiziliao（访问时间：2016年3月20日）。

[②] 唐世平、张蕴岭：《中国的地区战略》，载《世界经济与政治》，2004年第6期，第10页。

且是中国塑造国际政治的最好方式。① 中国的地区主义战略实施必须而且只能通过亚洲，亚洲是中国所有的国家利益（安全、经济和政治）都同时存在的唯一的一个地区。② 在安全方面，亚洲地区汇集了众多的国际和地区热点问题，美国"重返亚洲"更加剧了该地区的复杂局势，中国作为该地区的一员，必须与所有的地区大国和周边小国维持一个良性的互动关系，这样才能为国内发展赢得一个良好的周边环境。在经济方面，中国作为亚洲的经济大国，必须向区域内的其他国家证明中国的经济增长是和区域经济的共同发展联系在一起的，缓解该地区国家对中国快速经济增长的忧虑。在政治方面，加强在区域政治舞台上的影响力，有助于中国积累多边合作的经验，最终提升在世界舞台上的综合影响力，特别是政治影响力。中国正在尝试将这些诸多的综合利益糅合进区域贸易战略中。最为明显的就是中国—东盟自由贸易协定的签署和自由贸易区的建设。从经济依赖程度来看，中国并非东盟最重要的贸易伙伴，美国和日本与东盟经济的联系程度远远大于中国，但是双方自愿将彼此捆绑在一起的原因既有经济的因素，也有地缘政治的因素，后者可能扮演着更为重要的作用。③ 中国的决策者某种程度上是"贸易和平论"的支持者，即相信经济的相互依赖能创造共同利益，共同利益的增多可以促进合作，防止冲突的发生。中国通过首先向东盟国家开放国内市场（中国—东盟自由贸易协定中的"早期收获"计划较为明显），来缔造经济上的相互依赖，进而发展出政治上的互信。

---

① 门洪华：《国际机制与中国的战略选择》，载《中国社会科学》，2001年第2期，第178—187页；王逸舟：《新世纪的中国和多边外交》，载《太平洋学报》，2001年第4期，第4—12页；庞中英：《中国的亚洲战略：灵活的多边主义》，载《世界经济与政治》，2001年第10期，第30—35页。

② 唐世平、张蕴岭：《中国的地区战略》，载《世界经济与政治》，2004年第6期，第9页。

③ Gregory Chin and Richard Stubbs, "China, Regional Institution-building and the China-ASEAN FTA", *Review of International Political Economy*, Vol.18, 2010, pp.276-280.

有鉴于此,以自由贸易协定为核心的地区主义不仅可以帮助中国平衡国家战略目标和多边贸易自由化的冲突,而且可以兼顾构建地区秩序和拓展国家利益的双重目标。对于贸易大国来说,多边贸易自由化更符合他们的长期利益而非短期和中期收益。追求多边主义的过程是漫长而艰辛的,所获得的收益也是不确定的。而且多边贸易机制中的集体行动选择难以避免搭便车的行为,对于大多数国家来说,多边主义并非是一个实现国家目标的"最优选择",而只是一个"次优选择"(second best)。① 对于多数国家而言,WTO主导下的多边贸易自由化可以作为国家的长远目标,而区域主义往往成为国家解决更为迫切的经济和安全利益的选择。现存的国际秩序主要处于西方国家的话语主导权之下,中国虽然日益成为现存国际秩序的获利者和维护者,但难以在全球层面发挥实质性影响。中国关于未来国际秩序的构想更多是通过区域层面来实现的。一般来说,地区秩序的构建和国家利益的拓展是一致的,但各自侧重点不同,地区秩序的构建强调公平、责任等道义原则,而国家利益则更多是从经济、安全的角度出发加以衡量,二者在中国的地区战略中难免会冲突,中国的区域经济战略试图综合平衡上述各项原则,实现安全、经济、政治多重利益的追求。

本章小结

中国的对外经济政策由目标和工具共同来界定。政策目标主要由两个方面构成:"经济立国"和"营造稳定的国际环境"。政策目标反映了对外经济决策的基本动机和价值选择。政策工具是决策者为了实现政策目标而选择的手段和方式。进出口贸易、区域贸易协定和外商直接投资构成中国决策者的工具箱。一般而言,两个或多个政策工具经常组合使用来实现政策目标。

---

① Jiangyu Wang,"China's Regional Trade Agreements: The Law, Geopolitics, and Impact on the Multilateral Trading System", *Singapore Year Book of International Law*, Vol.8, 2004, p.146.

政策工具的组合和政策目标的选择构成对外经济政策的战略。改革开放30多年的历史进程中，中国的对外经济政策不断调整，开放成为对外经济战略的主要基调，但在不同的阶段开放的程度和范围、开放的目的以及开放的途径均有所不同。

对外经济政策的这种阶段性变化是国内力量和国际力量相互作用的结果。下面几章主要从国内政治的角度分析中国对外经济政策的历史变迁，至于对外经济战略的体系因素则不在本书的论述范围之内。

第三章 观念：中国对外经济政策的来源

观念对政策的影响是一个古老的研究问题。罗伯特·达尔曾经说过："由于大部分社会科学家对观念的历史运动不屑一顾，结果是他们自己的理论无论多么'严密'，却忽略了一个重要的解释变量，并常常导致无知的缩减。"[①] 国际政治研究中的观念不仅关注观念是否起作用以及如何起作用，而且重视"谁"的观念和"哪种"观念在发挥作用。

观念主要是指个人或组织关于如何行动的认知和信念。本章首先对影响对外经济政策中的主要观念流派做了区分，新自由主义、新国家主义、多边主义、制度主义等经济思想构成中国对外经济政策的观念来源。不同观念在"自我"和"世界"的关系认知上存在差异，对国家利益以及如何实现利益最大化均有着不同的判断，它们共同构成了中国对外经济的政策选择。

观念主要通过三种途径影响对外经济政策：一是影响国家如何学习客观世界，这是观念合法化的过程；二是观念框定政策议程，这是观念竞争，并赢得对外经济战略主导权的过程；三是观念嵌入制度，这是观念发挥长期作用的过程。

观念变革引导政策创新。连接观念和政策变化的是政策范式。中国的对外经济政策范式尽管是外向型的，但是这种外向型始终离不开强大

[①] Robert Alan Dahl, *Pluralist Democracy in the United States: Conflict and Consent*, Chicago: Rand McNally, 1968, p.171.

"国家"的影子。具体表现为：经济仍然被视为是战略性的，政府改变了干预经济的方法，但并没有改变控制经济的本质。出口导向战略，自由贸易区战略、"走出去"战略都可以看到这种经济从属于政治的迹象。

一、政策观念的来源和变化

社会科学领域对观念进行较早研究的是社会学家，他们主要围绕观念和行动之间的关系进行研究。马克斯·韦伯（Max Weber）在《新教伦理与资本主义精神》一书中注意到：加尔文教派运动的信徒所持有的宗教观念决定了他们在世俗领域的行动[①]，正是从观念的角度来研究资本主义的生活秩序。国际关系领域里的观念研究受到社会学的启发和影响，特别是建构主义学派，从社会学领域汲取了大量的学术精髓，不过双方研究的侧重点不同。社会学的观念研究主要围绕观念和个体行为的关系展开，国际关系领域的观念研究则主要关注观念对国家行为和政治决策的影响。本章中的观念主要是指个人、组织和社会关于某一政策问题的认知和信念，即政策观念。[②]

一国对外经济的政策观念常常由三个部分组成：一是对"自身"和"世界"关系的总体性认知。所谓的"世界"主要是指现存国际经济体系。一国总是按照对自身和外部世界的认知来制定本国政策。改革开放以来，中国国内基本达成这样的共识：中国的发展离不开世界。但现存的世界经济秩序到底多大程度能够满足中国发展的需求？崛起的中

[①] ［德］马克斯·韦伯：《新教伦理与资本主义精神》，简惠美等译，广西师范大学出版社 2010 年版，前言。

[②] 不同的学者对观念主体的界定不同，有的将观念界定为个人所持有的信念，参见朱迪斯·戈尔茨坦、罗伯特·基欧汉编：《观念与外交政策：信念、制度与政治变迁》，刘东国等译，北京大学出版社 2005 年版，第 3 页；有的将观念界定为国家长期的战略趋向。参见 Alastair Iain Johnston, *Cultural Realism: Strategic Culture and Grand Strategy in Chinese History*, Princeton, N.J.: Princeton University Press, 1995, p.ix.

国应该如何重新界定在国际经济体制中的地位和作用？目前尚存在争论；二是对国家主权利益的认知和判断。经济发展、国家安全、大国责任、国际合作孰轻孰重，常常成为决策者权衡的问题；三是一国采取什么样的方式实现国家利益？自由主义还是保护主义，多边主义还是双边主义，全球主义还是地区主义，成为一国对外经济政策的选择。

（一）中国对外经济政策的观念之争

观念构成政策选择的来源和范围。新古典经济学、新国家主义、多边主义、制度主义、新主权主义成为中国经济政策转型的观念来源，他们相互竞争，以期成为主导观念。

1. 新古典经济学

新古典经济学的政策建议——经济开放、不干涉等——越来越对社会的经济活动起指导作用。[①] 该学说不仅在发达资本主义国家拥有经济正统的地位，而且在发展中国家也大有市场。在对外经济政策领域，新古典经济学认为经济相互依存最终将导致各国经济业绩的趋同。经济全球化必然导致国家之间经济发展差异的消失。在政策领域，新古典经济学推崇市场和资本的力量，主张自由贸易，反对贸易保护。新古典经济学所倡导的资本、市场、竞争的理念，契合了中国追求经济增的内在要求。推崇改革的中国国家领导人认识到：全球化经济已经进入一个新的阶段，中国如果不进行积极的变革，必然会落后。新古典经济学在20世纪80年代在资本主义国家的全面复兴为国内改革派提供了理论支持。改革派借助国际观念强化其改革行为的合法性，同时质疑保守势力的正确性。[②] 在改革开放的进程中，中国采取了一系列体现新古典经济学理念的经济政策：释放市场力量、坚持出口导向的贸易战略，通过技术和

---

① [美]罗伯特·吉尔平：《全球政治经济学：解读国际经济秩序》，杨宇光等译，上海人民出版社2006年版，第163页。

② Andrew P. Cortell and James W. Davis, "How Do International Institutions Matter? The Domestic Impact of International Rules and Norms", *International Studies Quarterly*, Vol. 40, No. 4, Dec. 1996, p.453.

资金引起，积极参与国际分工，全面融入国际贸易和分工体系。如果说本世纪初中国加入WTO，是其实体经济部门与全球分工体系深度融合的话，那么当前政府积极追求的人民币国际化，就是中国金融体系与国际金融体系的接轨。①

2. 经济国家主义

与新古典经济学一样，经济国家主义也构成中国对外经济的战略观念之一。所谓经济国家主义，首先强调经济增长的重要性，即发展经济被赋予了战略的意义。改革开放初期，主要是通过引进外资，靠外资带动出口，出口拉动经济增长。2008年金融危机之后，通过开放国内市场来维持高速经济增长效应不再明显，经济发展模式由出口驱动转向内需驱动。"走出去"战略下的海外直接投资和"一带一路"战略正是在此背景下出台的。与战后日本信奉的"发展主义"经济意识形态相同，两者都强调经济发展的重要意义，有所区别的是：首先，在经济国家主义的意识形态中，经济目标并非源自经济角度，而是源自政治角度。也就是说，经济不是目标本身，而是国家治理的一种工具。以"走出去"战略为例，国有企业是"走出去"战略的实施主体，国企"走出去"到海外直接投资（下文简称OFDI），更多的是受政治的驱动，并没有足够的市场理性。同样，在自由贸易协定的战略决策中，安全和外交利益也常常主导经济利益，成为国家追求的主要动机。其次，在经济国家主义的政策观念中，国家，主要指政府仍然是最为重要的经济活动主体。政府不仅拥有一个庞大的国有部门，同时各级政府仍然保有土地和其他重要资源的分配权，政府不仅是经济活动的管理者，也是经济活动的直接参与者。以中国的海外直接投资为例，国有企业构成中国OFDI的主力军。截至2013年末，中国对外直接投资存量达到6604.8亿美元，其中国有企业仍然占据半壁江山，在当年非金融类对外直接投资中，国有

---

① 邵宇：《人民币来了》，FT中文网，http://www.ftchinese.com/story/001064851?page=4(访问时间：2015年11月18日)。

企业占比55.2%，主体地位明显。① 而在印度和巴西等新兴发展中国家，只有在石油和天然气这样的战略性资源行业，国有企业是海外投资的主体，私营企业遍布其他行业，且具有较强的国际竞争力。

3. 多边主义

多边主义是一种关于世界应该如何运转的规范和信仰体系。② 多边主义者相信，通过社会契约、国际法律条文的形式，人类可以从自然、丛林的状态转变为文明、社会的状态；多边主义包含有包容、平等、民主、秩序的理念；也信奉监督、制约、强制的力量。多边主义还是一国参与世界而被有意设计出来的一种意识形态，即现实性信念。多边主义体现了国家是如何看待自身和世界体系的关系：两者是冲突的，还是合作的？

对外经济政策中的多边主义，体现了主权国家对相互依赖日益加深的世界经济的管理。借助多边经济组织，实现国家政策的协调，成为那些希望融入全球化进程中的政府的首要选择。一方面，多边机制具有的双重属性③可以恰当地满足主权国家的要求。大多数发展中国家在工业化初期普遍面临着资金、技术和人才的缺乏，在对外经济交往中不得不面临着艰难选择：既希望从自由贸易和国外投资中获得好处，来缩短工业化进程的时间；同时又希望维护国家的政治自主、经济独立和文化传统。国际经济机制的双重特征恰好满足了国家既要融入世界，又渴望维护国家自主性的要求。另一方面，从国内政治来说，借助多边机制，决策者可以进一步推动改革进程的深入，或仅仅是保持改革方向的不变。

---

① 商务部:《中国对外投资合作发展报告（2014）》，http://fec.mofcom.gov.cn/uploadfile/duiwaitouzihezuofazhanbaogao2014.pdf（访问时间:2015年12月2日）。

② [美]詹姆斯·A.卡帕拉索:《国际关系理论和多边主义：根本原则之探寻》，见[美]约翰·鲁杰主编：《多边主义》，苏长和等译，浙江人民出版社2003年版，第60—61页。

③ 战后建立的国际经济机制不同于19世纪的放任自由主义，具有管制主义和自由主义的双重特征。管制主义是指战后国际经济秩序是在美国主导下建立的带有美国国内新政中管制式国家的理念和形式。鲁杰把国际经济机制的这种特征概为"嵌入式自由主义"。参见John Gerard Ruggie, "International Regimes, Transactions and Change: Embedded Liberalism in the Postwar Economic Order", *International Organization*, Vol.36, Issue 2, 1982, pp.379-415。

对于主权国家来说，依赖经济交换和国际制度进行政策选择远远胜过经过国内政治妥协的选择。借助国际组织的"多边主义"，可以推动国内改革进程的深入发展。哲学上有关于"意志的弱点"的命题，即个体总是试图改变自身的未来偏好。① 对于政府这样一个领导人不断变动的组织来说，它所有当前决议的部分意图就是要对未来政府的选择加以限制。将国内政策转变为国际协定的一部分，可以有效地制约继任政府的政策选择。那些奉行开放政策的政府，创造了相互依赖的世界经济模式，这样的模式一旦被打破，所需要付出的代价是极为高昂的，任何继任政府都必须考虑政策倒退所带来的负面效应。

4. 制度主义

在一个相互依赖的世界经济中，合作不仅是必要而且也是可能的。国际合作指的是"通过政策协调过程，行为者将它们的行为调整到适应其他行为者现行的或可预料的偏好上来"②。国际机制的建立使得行为者的预期在特定的议题领域中聚合，有助于国际合作的产生。中国政府越来越认识到国际机制的功能性作用，参与国际机制，遵守国际规范，加强国际协调和合作，成为中国实现国家利益的有效而正确的途径。这主要源于中国对国际机制的信仰发生了变化：首先，合作是个"好东西"观念深入人心。国家存在于持久的无政府状态中，虽然没有最高的权威，国家之间仍然能够就某些问题达成协议，通过合作实现共同的目标追求。国际合作的实现可以使主权国家约束自身的行动以实现相互受益，有利于共同利益的构建。其次，国际机制可以增加合作的可能性和稳固性。国际机制的存在，能够降低交易成本，减少外部环境的不确定性，能使每一个政府更好的预测对方是否会采取可预见的合作政策，有助于政府的理性计算。国际机制所具有的回报规范将使背叛行为非法

---

① ［美］罗伯特·基欧汉：《霸权之后：世界政治经济中的合作与纷争》，苏长和等译，上海人民出版社2006年版，第116页。

② ［美］罗伯特·基欧汉：《霸权之后：世界政治经济中的合作与纷争》，苏长和等译，上海人民出版社2006年版，第51页。

化，并使背叛者付出更大的成本代价。只要一国政府珍视其在未来与别国达成协议的能力，那么声誉就成为一个重要的资本。① 再次，多边的国际协调优于双边的政策协调，多边合作的收益高于区域性合作。虽然多边协议具有参与者人数众多和行为体异质性增强的特征，不利于合作协议的达成，但通过创立国际机制，引导国际关系的特定原则、规范、规则和程序的形成，这样的规范明确界定了行为的标准、合作的界限以及背叛的代价，进而改变国家对其利益的理解。

5. 新"主权"主义

经济主权是国家主权发展的产物，是主权在经济领域的体现。经济主权的提出，一方面，表明经济全球化和信息技术革命的发展，民族经济和世界经济的界限越来越难以区分，主权的基本原则受到侵蚀；另一方面，表明国际关系开始向经济领域倾斜，经济安全问题在相互依赖的世界中日益重要。经济主权的观念可以从不同的角度来理解。本章主要从国内国际经济关系的角度来界定经济主权。每一个国家在其领土内都有管理和控制经济活动的权力，就是经济主权。② 具体而言，各国对境内的自然资源享有永久主权；各国对境内的外国投资以及跨国公司的活动享有管理监督权；各国对境内的外国资产有权收归国有或征用；各国在世界性经济事务享有平等的参与权和决策权。

中国融入世界的进程，也是经济主权观念不断调试的过程。在中国刚刚接触国际社会的时候，威斯特伐利亚体系的主权观念根深蒂固，主权被认为是绝对至上、不可分割和排他的。随着中国卷入国际社会的程度的深入，跨国公司在全球基础之上作出决定，国际组织的规范对国家内部事务有重大影响。中国对主权的理解发生了变化，特别是在经济领域，政府的宏观经济政策的决定权是有限的、相对的，一国基于国际合

---

① [美]罗伯特·基欧汉：《霸权之后：世界政治经济中的合作与纷争》，苏长和等译，上海人民出版社 2006 年版，第 115 页。

② Allen Carlson, *Unifying China, Integrating the World: Securing Chinese Sovereignty in the Reform Era*, Singapore: NUS Press, 2008, p.184.

第三章 观念：中国对外经济政策的来源

作的需要有必要向国际组织让渡部分主权，实现主权共享。

上述观念共同构成中国对外经济政策的选择范围和来源。随着时代的变迁，这些观念也经历了地位和角色的转变，构成我们理解政策变迁的视角之一。

（二）中国对外经济政策的观念变迁

1978年以来，中国的政策观念发生了巨大的变化，本章通过文本分析，将中共十二大以来政治报告中关于对外经济政策的文本进行分析，从中把握对外经济政策观念的历史变迁。

1. 1978—1991年

1978年召开的党的十一届三中全会决定把"把工作着重点转移到社会主义现代化建设上来"[①]。在外交领域，虽然认为"战争危险仍然严重存在"，但"东西方关系出现了一定程度的缓和"，国际形势整体上对我们进行经济建设是有利的。在这种国际形势的判断下，中国应该以"更加勇敢的姿态进入世界经济舞台"。这一时期，中国国际经济观的基本特点是新旧观念并存，一方面，是主张参与和融入国际经济体系，利用外国的智力和技术扩大对外开放；另一方面，继续强调国际经济体系的"霸权"性质，担心对外经济技术交流会损害民族经济和国家利益。具体表现如下：

（1）中国与国际秩序的关系

中国对国际经济秩序的预测不再悲观，和平与发展取代战争与革命成为时代的主题。十三大报告中作出"当前国际形势对我国社会主义现代化建设有利"的判断，充分说明中国对国际形势的看法转为务实和乐观，但仍然强调国际经济体制的"霸权"特质，指出："资本主义国家和资本主义企业决不会因为同我们进行经济技术交流，就改变它们的资本主义本性。"

[①] 本文有关中国共产党全国代表大会政治报告的引文，除作者注明外，全部参见"中国共产党历次全国代表大会数据库"网站，http://cpc.people.com.cn（访问时间：2015年10月12日）。

(2) 中国的国家利益认知

中国决策者认为,中国的国家利益和国际社会的利益并不完全一致。现存国际经济秩序主要代表了欧美等发达国家的利益,中国将按照"公平合理和平等互利的原则改革现存的国际经济秩序"。中国的政治领导人始终担心对外开放会侵蚀国家独立自主的能力,反复强调"扩大对外经济技术交流,目的是增强自力更生的能力,促进民族经济的发展,而决不能损害民族经济"。在实行对外开放政策的过程中,"一定要坚决警惕和抵制资本主义思想的侵蚀,反对任何崇洋媚外的意识和行为"。由此看出,中国的领导人并不认为中国的国家利益和国际社会利益相一致,现存的国际秩序随时可能对中国的国家利益和经济独立造成损害,对外开放的经济战略服务于独立自主的政治目标。

同时,中国需要不断面对来自国际体系之内的其他国家和国际组织的质疑声,质疑中国的对外开放政策是否可持续和长期有效。有鉴于此,中国政府出台各种政策大力引进国外先进技术和管理经验,鼓励外商来华投资,经济利益是其根本动机,但更主要的是通过国际合作,向世界宣布中国政府开放的信念和决心。邓小平曾多次在不同场合强调中国对外开放政策的长期性,在讲到国外投资者担心合作风险太大、法律法规不完善时,他说:"中国在处理对外经济合作的一些细节问题上,不是小手小脚的。为了发展中外经济合作,中国要创造条件……不必担心我们的政策会变。"[①] 奉行开放政策是为了向外界昭示中国改革的坚定信心。

2. 1992—2001 年

1992 年党的十四大召开,确立了全面对外开放的方针,1997 年党的十五大报告把对外开放视为一项长期的基本国策,对外开放政策被提升到战略高度。相应地,对外政策观念也发生了显著变化:"多边主义"和"制度主义"逐步成为主导观念。

---

① 邓小平:《邓小平文选》(第三卷),人民出版社 1993 年版,第 280 页。

(1) 中国与国际经济秩序

中国政府继续声明"要致力于推动建立公正合理的国际政治经济新秩序"。但同时也指出世界是多样性的，各国都有权选择符合本国国情的社会制度、发展战略和生活方式。十四大报告中指出世界多极化趋势，十五大报告中提出"世界多样性"的理论。政策实践层面，中国"积极参与区域经济合作和全球多边贸易体系"，1986年提出复关申请，2001年正式加入世界贸易组织，成为国际经济体系中的一支重要力量，中国政府在行为和观念上，都体现了对"多边主义"的高度认同。

(2) 国家利益的认知

中国逐步认识到参与全球经济体系的益处。此前，决策者主要是从经济收益的角度来衡量参与国际秩序的好处，即参与国际体系是进行贸易和投资的必要条件，而后者又可以推动中国经济增长。这一时期，中国对国际秩序的认同基础主要来自国际规则和制度，它们可以为中国的经济持续增长提供外部的保障。借助融入多边经济组织，中国可以向世界展示：中国是国际经济体系的"支持者"，而非"变革者"。中国决策者日益清醒地意识到：中国经济的巨大规模和增长奇迹得益于现存的国际经济秩序，只有坚定地继续拥护"多边主义"，方能实现国内经济增长的持续。

3. 2002—2011年

为了适应经济全球化和加入WTO的新形势，党的十六大提出"在更大范围、更广领域和更高层次上参与国际经济技术合作和竞争"。十七大报告中指出"把'引进来'和'走出去'结合起来，形成经济全球化条件下参与国际经济合作和竞争新优势"。这一时期，对外经济政策观念的突出特点是："互利共赢"合作观的确立；"双边主义"和"地区主义"正在取代"多边主义"，成为中国对外经济的主导观念。

(1) "互利共赢"的合作观

"互利共赢"的合作观主要是指，中国的发展和世界的发展已经紧密联系在一起；以WTO为核心的多边贸易体制"有利于地区和全球贸易稳定增长，有利于促进世界经济健康发展，符合各方利益"；中国愿意维护和完善全球经贸体系并在国际体系中承担相应的责任，在提供全球公共产品方面发挥力所能及的作用。在"互利共赢"合作观的指导下，中国放弃有限参与的原则，主动参与几乎所有的国际经济组织，既参与由发展中国家组成的国际组织，如"10+3"机制；也参与由发达国家组成的"富人俱乐部"，如G8和G20。中共领导人强调"继续维护与发展中国家的共同利益"的同时，十七大报告中提出"扩大同各方利益的汇合点"，寻求和扩大共同利益成为中国对外经济战略的趋向。[①] 共同利益体现了国家利益和主要大国利益的结合、国家利益和国际社会利益的结合。

（2）通过区域多边主义创新国际经济观念

如果说20世纪最后十年，中国对外经济政策的最大特点是拥抱"多边主义"。那么，进入21世纪，对外经济政策方向悄然发生变化，"双边主义"和"地区主义"正在取代"多边主义"，成为中国对外经济政策的主导观念。

作为多边贸易体制的重要补充，自由贸易区战略是中国参与区域经济一体化建设的主要方式。中国对待区域秩序的方式，相比于参与国际秩序来说，具有更多"修正主义"的含义。[②] 用"修正主义"来诠释中国的地区战略，也许有点言过其实，但中国对国际经济秩序的创新更多是借助区域经济合作这个平台加以实现。这主要是因为现存多边体系是由西方发达国家所创设和主导，中国只是国际秩序的后来参与者，缺少设定和改变国际议程的能力，在全球经济治理中只能发挥有限的影响力，中国意识到发挥国际影响力的主要舞台就是东亚地区。中国在地区战略中表现出更为灵活、主动、自信的姿态，通过开放市

---

① 门洪华：《对中国对外开放战略的若干思考》，载《开放导报》，2008年第3期，第20页。

② ［美］杰弗里·勒格罗：《意图转变：中国的崛起与美国的应对》，见朱峰、罗伯特·罗斯主编：《中国崛起：理论与政策的视角》，上海人民出版社2008年版，第170页。

场,创造相互依赖,与区域内国家分享中国经济增长的成果,进而抵消周边国家对中国崛起的担忧。中国成为越来越多的地区倡议①的发起者和推动者,但这些倡议是为了向周边国家表达一种合作的良好意图,以开放的地区主义进行自我约束和约束他国,并无"修正"国际经济秩序的意图。

4. 2012 年至今

2012 年 11 月召开的党的十八大报告中提出"全面提高开放型经济水平"。与沿用多年的"扩大对外开放"提法相比,这一新的提法将目标明确指向提升中国在国际经济体系中的地位。首先,中国要全面参与国际经济治理,并引领国际经济秩序的历史变革,增强在多边经济体制中的制度性话语权;其次,构建"更高层次的开放型经济",意味着对外开放政策的重点发生了变化,过去以贸易为主的国际经济合作转向以对外投资为主的国际经济合作。

(1)"共商共建共享"的全球治理理念

十八大以来,中共围绕如何构建更加公正合理的国际经济新秩序提出一系列主张。2013 年 3 月,习近平在莫斯科国际关系学院演讲时,首次呼吁各国共同推动建立以合作共赢为核心的新型国际关系。2014 年 6 月 5 日,习近平在谈到中阿共建"一带一路"时提出"共商、共建、共享"的原则,这六个字则在 2015 年 3 月成为中国"一带一路"倡议的原则。2015 年 10 月 12 日,习近平在主持中共中央政治局第二十七次集体学习时,首次把"共商、共建、共享"提升为中国参与全球治理的新的理念原则。中国强调:全球治理体制要更加平衡地反映大多数国家,特别是发展中国家的意愿和利益,各国权利与义务必须相平衡,各国在经济合作中要享受平等的权利、机会和规则。正是基于这样的理念,中国提出"一带一路"倡议,在建设中谋求和周边国家的共同发展;中国提出筹建亚洲基础设施投资银行,其组织规章和运作程序

---

① 中国成为一些地区合作计划的倡议者,如中国—东盟自由贸易区战略、上海合作组织、六方会谈等。

由各成员国协商决定。2015年9月在联合国发展峰会上,习近平主席再次倡导构建以合作共赢为核心的新型国际关系,谋求"公平、开放、全面、创新"的发展之路。①

(2)"多边主义"

中国仍然奉行"多边主义"的外交主张,但更多强调改革和完善传统多边经济机制的不足。借助亚投行、金砖银行,中国试图谋求国际经济领域的话语权。T.雷纳德(T.Renard)把中国描述成多边机制的"温和修正者"②,不可否认,过去30年中国经济的高速增长正是在西方主导的国际经济秩序下实现的。但这一秩序存在不少问题,美国等西方发达国家长期把持世界银行、国际货币基金组织等国际金融机构的领导人职位及组织决策权,尽管中国在IMF中的表决权有所增加,但仍然无法撼动欧洲主宰IMF,美国主导世界银行的既有利益格局。从国内经济的角度来说,现有的国际经济体制对中国发展的支撑作用开始降低,中国目前面临的迫切的经济转型问题,如中国企业"走出去"、人民币国际化、外汇投资多元化,都难以在既有的国际经济体系下实现,世界经济治理机制亟待完善。世界经济治理机制的改革,既反映在规则制定上,又反映在机构建设上,而机构往往是规则的制定者和维护者。中国正通过设立新机构,进而引导世界经济的新议程和新规则。如果能够通过亚投行在多边经济机制改革中有所突破,符合中国的国家利益。

综上所述,改革开放30多年,随着中国对国际形势的判断由战争转向和平,由冲突转向合作,中国与国际社会的身份和认同也发生了变化,从国际秩序的批判者转变为国际秩序的参与者,从国际规则的遵守者转变为国际规则的制定者。中国的国家利益和国际社会的利益也经历着差异中寻求共性到一致中寻找差别的变化。

---

① 习近平:《谋共同永续发展做合作共赢伙伴——在联合国发展峰会上的讲话》,http://news.xinhuanet.com/politics/2015-09/27/c_1116687809.htm(访问时间:2015年11月2日)。

② Thomas Renard,"The Asian Infrastructure Investment Bank(AIIB):China's New Multilateralism and the Erosion of the West",*Security Policy Brief*,No.63,April 2015,p.4.

并非所有的观念均能在政策选择中有所体现。为什么有的观念只是"昙花一现",而有的观念却能够持久地影响政策?这需要探讨观念影响政策的途径和机制。

二、观念影响政策的途径

观念主要通过三种途径影响对外经济政策:一是影响国家如何学习客观世界,这是观念合法化的过程;二是观念框定政策议程,这是观念竞争,并赢得对外经济战略主导权的过程;三是观念嵌入制度,这是观念发挥长期作用的过程。

(一) 学习和观念的合法化

观念帮助决策者界定和解释外部世界变化的本质。① 政策选择并不是一个简单应对外界变化的自动反应过程,它是一个积极的学习过程。所谓学习,主要是指"信念的变化或者新的信念、技能的产生过程,有时也指观察和解释经验结果的过程"②。历史经验、跨国学习构成新观念的主要来源。

由于历史事件的结果常常被分为"成功"和"失败"两大类,所以学习的类型也可以分为消极的学习和积极的学习。消极的学习是指从失败的历史事件中吸取教训,并反驳现有的猜想、概念和假设;而积极的学习则是从成功的事件中汲取经验,并传播好的思想观念。无论是个人还是组织,都倾向于从失败的教训中而不是成功的经验中学习更多的东西。③ 历史事件为政治家提供了一系列可以设想的情景,使他们发现

---

① Vinod K.Aggarwal and Seungjoo Lee, *Trade Policy in the Asia-Pacific: The Role of Ideas, Interests, and Domestic Institutions*, New York: Springer, 2010, p.111.

② Jack S.Levy, "Learning and Foreign Policy: Sweeping a Conceptual Minefield", *International Organization*, Vol.48, No.2, 1994, p.283.

③ 唐世平:《从进攻性现实主义到防御性现实主义:对中国安全战略的社会进化论诠释》,见朱峰、罗伯特·罗斯主编:《中国崛起:理论与政策的视角》,上海人民出版社2008年版,第129页。

| 观念、利益和制度：国内政治与中国对外经济政策

规律和因果关系，帮助他们解读所面临的世界。① 中国最高领导人亲身经历的那些重大历史事件，不管是成功的经验、还是失败的教训，在塑造他们的基本价值观方面发挥了重要的作用。十年"文革"带来的历史浩劫，和改革开放产生的经济成果，推动邓小平及其继任者执行"经济立国"和"融入世界"的发展战略。

  传统文化成为中国向历史学习的经验之一。中国传统文化中具有理想主义和现实主义的双重属性，理想主义主要体现在以孔孟为代表的儒家传统文化。他们主张以"和"为贵，反对冲突；主张统一、反对分裂，具有强烈的道德主义色彩。现实主义集中体现在中华民族对主权统一以及领土完整的珍视。鸦片战争后，中国面临着"数千年未有之变局"，中华民族的仁人志士开始用西方的视角反思中国面临的现实问题，强化了传统文化中"重力、尚武"的现实主义传统。新中国成立以后，传统文化的双重特性在外交政策中得以延续。建国初期，中国宣布"可在平等和互利的基础上，与各外国政府和人民恢复并发展通商贸易关系。"1950年朝鲜战争爆发，中国的安全环境空前复杂，中国决策者被迫进行战略调整，认定"战争的危险仍然存在，世界大战随时可能会爆发"，暴力是解决冲突的有效办法。这种冲突性的战略思维一直延续到"文化大革命"结束。1978年十一届三中全会，国内工作重心由阶级斗争转向经济建设，邓小平对国际形势作出了新的判断，认为"战争可以避免，争取较长时期的和平是可能"。开放、合作、协商构成战略文化的主要内容。新世纪以来，中国战略文化中的合作性观念再度得到扩展，中国以更积极的态度看待中国和世界的关系，由"为我所用"转向"互利共赢"合作观。"为我所用"主要强调国际环境有利于中国的经济发展，"互利共赢"则更多强调中国和国际社会利益的高度一致。

  除此以外，中国自古以来比较重视学习他人的经验，这里的"他人"既指世界上主要的经济和政治大国，也指国际组织。来自主要大国

---

① ［美］罗伯特·杰维斯：《国际政治中的知觉与错误知觉》，秦亚青译，世界知识出版社2003年版，第222—223页。

的崛起经验有助于中国的决策者寻求有利于自己政策的证据。在中国对外经济战略确立的过程中,日本的"发展主义"的意识形态为中国决策者提供了参考。两者都强调发展经济、鼓励出口、重视产业升级换代,但是中国对外经济政策在借鉴的基础上有所发展,在引进外资、开放市场等方面远远走在了日本的前面,但在技术创新、产业保护等领域则落后于日本。① 除此以外,中国也重视对周边一些小国家治理经验的学习。邓小平在1978年出访新加坡时,亲眼看到这个城市国家社会发达、秩序井然,当时他尚未决定在中国实行什么样的政策,但新加坡的发展使他坚定了变革的信心。邓小平认为,井然有序的新加坡就是一个人人向往的榜样,中国应该向新加坡学习城市规划、公共管理和治理腐败的经验。

跨国学习也是新经济观念的重要来源。国际组织一直将经济观念和信息的传播作为其重要的工作任务之一。国际组织传播观念的方式有:出版工作报告和发布统计数据、帮助建立相应机构、训练专家队伍、派遣考察团和提供政策建议。20世纪80年代,中国恢复在世界银行的合法席位以后,世界银行对中国进行了两次大规模的经济考察,并撰写了考察报告,分析了中国经济发展中存在的问题,并结合国际经验给出了解决对策。报告中提出的下放对外贸易权、鼓励外国直接投资、改变出口产品结构等对策②,对中国第七个五年计划和经济发展长期规划的制定起到了重要的借鉴意义。2012年2月27日,由中国国务院发展研究中心和世界银行联合编著的《2030年的中国:建设现代、和谐、有创造力的高收入社会》的报告,审视了中国到2030年之前的战略抉择,针对中国增长模式的未来结构提出了建议,旨在帮助中国摆脱"中等收

---

① [美]高柏:《经济意识形态与日本产业政策:1931—1965年的发展主义》,安佳译,上海人民出版社2008年版,中文版序言,第4—5页。

② 参见世界银行经济考察团:《中国:社会主义经济的发展》,中国财政经济出版社1982年版;世界银行1984年经济考察团:《中国:长期发展问题和可选择方案 附件五:从国际角度来看中国的经济体制》,中国财政经济出版社1987年版。

入国家陷阱"。① 报告的出台是世界银行和中国合作 30 年的结果,有可能成为中国政府下一阶段经济决策的重要参考。

　　国际观念只有同一国的国内变革相契合才能发挥影响,即国际观念的国内化过程。采取行动的动力一般来自国内,但解决问题的战略可能来自外部世界。某一特定的国际观念被国内改革者所接受,主要取决于经济、行政和政治的内部可行性。② 所谓经济可行性,主要是指观念落实的成本和政策收益。行政可行性主要是指特定的社会环境特别是行政环境中实施某项观念的可能性,如组织支持、人员配备、机构权威、责任和能力等。政治可行性主要指社会公众和利益集团对观念的支持力度,即观念是否具有合法性、是否符合社会的政治文化、历史传统和宪政基础、特定观念推出时机是否恰当、是否符合相关群体的利益需求。国际经济组织的治理理念,如开放、自由、竞争、合作、市场等,能够被中国决策者和社会大众所接受和认可,恰恰是因为它们在政治、经济和行政方面的生存力——它在解决突出的经济问题、获得政治支持并且积累行政能力、处理新政策所要求的具体技术任务等方面的能力。③ 中国的经济增长,不仅仅得益于国外技术和资金的引入,观念的"进口"同样具有举足轻重的作用。正如保罗·罗默（Paul Romer）所强调的:"有关经济增长的种种议论主要集中于'器物'层面,忽视了观念起到的重要作用。"④ 对于发展中国家来说,技术的引进对经济增长的促进作用不可忽视,但从经济发展成功的国家引进观念和消化观念的能力更

---

① The World Bank, Development Research Center of the State Council, "*China 2030*, Building a Modern, Harmonious and Creative High-Income Society", http://documents.worldbank.org/(访问时间:2015 年 6 月 12 日）.

② Peter A. Hall, *The Political Power of Economic Ideas: Keynesianism across Nations*, Princeton: Princeton University Press, 1989, p.13.

③ Peter A. Hall, *The Political Power of Economic Ideas: Keynesianism across Nations*, Princeton: Princeton University Press, 1989, p.15.

④ Paul Romer, "Two Strategies for Economic Development: Using Ideas and Producing Ideas", World Bank, Proceedings of the World Bank Annual Conference on Development Economics, 1992, p.64.

具有决定性。竞争、市场、开放等国际观念的引入，无疑有助于改善中国经济落后、体制僵化、效率低下等一系列问题，进而促进经济增长。

（二）竞争和观念的主导化

外来观念不仅需要和一国国内政治经济变革相联系，进而获得某种影响政策选择的合法性地位。而且诸多观念在影响政策的过程中存在着竞争，经济观念只有上升为主导观念，才能对政策选择产生影响。

观念的竞争常常在公共政策辩论中得以体现。中国国内一直存在着各种经济思想和流派，它们从各自的理论视角来解释和评价中国的对外经济政策。如自由主义和新左派关于全球化和中国发展的命题之争；自由市场派和东亚模式派关于国有企业改制的辩论。理论流派的高低之下常常通过重大公共政策辩论的方式实现。1998—1999年间关于国企改革和加入世贸组织的辩论，一方面，说明了中国国内在国企改革的方向、路径和速度等问题上，改革派和保守派之间存在着巨大的分歧；另一方面，双方都借助最新的西方经济理论的学术成果和观点来为自己的政策观点寻求支持。代表改革派的国务院发展研究中心在1999年发表了的一系列国企改革研究成果，这些研究成果将国企问题归因于国企管理机构的低效率，主张将国企的经营权和管理权分开，聘用专业人士管理国企。同时主张国企从利润导向的商业领域退出，将这些领域留给私人企业。改革派的观点一经出炉，就遭到了保守派的强烈批评，他们认为，如果国企从竞争性领域退出，国企将不能创造任何利润，这违背了社会主义市场经济中以公有制为主的指导思想。[①] 政策辩论扩大了决策者的选择范围，改变了他们对利益的认知，进而改变决策者的政治行为。公共政策辩论的过程，也是各种观念相互竞争的过程。西方新自由主义经济学正是在这次辩论中由处于辩论中心的经济学家引入，推动国内改革进程，并且通过和其他理论流派的竞争强化了自身的地位。

---

① 张问敏：《中国经济大论战》（第五辑），北京经济管理出版社1995年版，第166—168页。

观念、利益和制度：国内政治与中国对外经济政策

不同观念的竞争本质上是政治上的竞争。① 当政治理论的天平转向支持观念变革的政治领导者时，新的观念容易取得主导地位。经济学家是各种新观念的提供者和传播者，但是支持这个新观念的学者或经济学家需要获得政治家的支持，只有最高决策者被该观念所说服，新观念才有机会赢得对外经济政策的主导权。20 世纪 90 年代末期到 21 世纪初期，中国学界和政界围绕入世问题展开激烈的公共政策辩论。在这场争论中，大体分为两个阵营：反对入世派和支持入世派。反对入世派的观点集中体现在中国社会科学院研究员左大培的观点中。他在 2002 年和 2003 年先后两次向全国人大常委会致公开信，信中写道：

> 中国为加入世界贸易组织而在对外经济政策上所作的让步将对中国经济的未来发展造成严重的损害。中国承诺降低关税、开放服务业，这些承诺并不是为加入世界贸易组织所必须履行的条件，更不是每个世界贸易组织成员国都必须实施的政策。如果中国政府真正忠实地履行这些承诺，我国政府对本国企业的保护将在许多方面大大弱于一个正常的世界贸易组织成员国，从而将中国企业置于比外国企业更差的法律保障环境中。②

支持入世派的观点集中体现在市场改革派和一些政府官员身上，他们认为，加入世界贸易组织，可以促进出口，吸引更多的外国投资，从而提升中国的就业率，刺激中国的经济增长。政府官员的一些言论显示，他们在政策辩论中支持入世。对外贸易合作部副部长和中国入世首

---

① 王庆新：《经济意识形态和贸易自由化》，见陈志敏主编：《国际政治经济学与中国的全球化》，上海三联书店 2006 年版，第 212 页。

② 左大培：《就外经贸部某些官员滥用职权损害国家利益问题致全国人大的信》，2002 年 2 月 10 日；左大培：《就修改中国加入世界贸易组织协议条款问题致全国人民代表大会的公开信》，2003 年 2 月 10 日，http://www.caogen.com/blog/Infor_detail/28197.html（访问时间：2015 年 11 月 15 日）。

席谈判代表龙永图认为，中国应该对外开放门户，通过与有先进技术的外国企业合作取得优势，成为外企的生产基地和外企全球市场的一部分，中国应该把利用外资和国内工业重整联系起来，以改善利用外资的质量和效用。① 最终，主张开放的声音占据了上风。1999年5月7日，《人民日报》发表的一篇文章可以看作是对这一时期政策辩论的总结。文章强调入世可以深化经济改革和改善工业生产力，它写道："目前，国内许多产业，包括金融、电信、保险和商业、旅游等行业都面临着机遇和挑战。但是，即使没有'入世'的压力，这些行业迟早也要开放，也要深化体制改革，'入世'使得开放目标的实现变得紧迫。"② 这篇文章对入世可能损害经济安全的批评进行了回应。"13年的谈判告诉我们，经济安全并非对外开放的对立面，经济安全只能在不断开放的过程中得以巩固。"③ 1999年底，由于中国高层领导支持④，入世谈判获得了新的动力，11月，中美正式签署了双边入世协议。

重大的国内或国际危机为新观念战胜旧观念提供了契机。政治或经济危机作为催化剂，会使人们感觉到现存的游戏规则和社会现实之间的巨大落差，这种反差促使经济学家和政治领导人提供一个新的政策范式来改变现状，为新的理念战胜旧观念积蓄力量。十年"文革"，极"左"路线已经彻底失去民心，最先走出国门的政治和经济精英普遍对中国和西方在经济发展成就方面的巨大反差记忆犹新。邓小平第一次访问新加坡以及到联合国出席会议参观纽约时，所受到的震撼就十分强烈，某种程度上也加深了他改革的信念。重大国际事件推动了观念讨论和政策辩论。以1997年的亚洲金融危机为例，亚洲金融危机推动了高

---

① 康绍邦：《金融危机后中国的政策选择》，现代出版社1999年版，第177—178页。
② 《中国入世的重大突破》，载《人民日报》，1999年11月17日。
③ 《中国入世的重大突破》，载《人民日报》，1999年11月17日。
④ 1999年9月11日，江泽民与克林顿在APEC第七次会议上正式会晤。江泽民说，中方对加入WTO一直持积极态度，中国加入WTO不仅是中国经济发展和改革开放的需要，也是建立一个完整开放的国际贸易体系的需要，我们希望谈判能在平等互利的基础上进行，争取早日达成协议。

层领导者在国企改革、入世谈判等问题上达成共识。韩国大财团在危机中暴露出来的脆弱性，提醒中国领导人重新认识政府和市场的关系问题，意识到政府过度参与企业经济活动是危险的，而世界贸易组织的自由、透明、监督等规则，可以对政府过度干预形成制约，有利于创造一个公平、自律、竞争的企业发展环境。

在中国通往全面开放的道路上，各种思想观念为经济开放提供了理论基础。然而，观念和意识形态本身并不能决定对外开放的成败与否，观念只有被置身于政治权力中的政治家和官员所持有，才能发挥作用。思想观念的竞争由政治力量的平衡决定。一般情况下，政策共同体被某一个观念主导，其他竞争性观念同时存在。一些特定的危机为政策转变提供了机遇，因为危机可以激起人们对某个问题的公共讨论，特定观念藉此在公共政策辩论中获得影响政策的主导权。

（三）嵌入和观念的制度化

无论何种观念取得主导地位，都会选择长久地影响政策。观念只有被嵌入到规则和规范中，也就说，观念被制度化，才能制约公共政策。[①] 观念是如何被嵌入进制度，持久地起作用呢？

首先，观念带来新的行为体（players），进而引起制度的缓慢变革。传统的观念和政策研究，主要强调观念是否起作用以及如何起作用。同样重要的是，观念必然依附于特定的行为体之上，"谁"的观念和"哪种"观念同等重要。观念的变化会带来行为体的聚合和分散，特别是国际观念在国内的传播和扩散，必然带来新的行为体和相应的机构建立。贸易一直是推动中国在结构上融入全球经济和在制度上加入国际经济体制的关键动力。自由贸易、市场准入、透明度原则等贸易观念的确立，正是国际机制，特别是世界贸易组织传播和扩散的结果。为了更好地融入全球贸易机制，一大批具有商业敏感性的行政官员坚定支持中国进一

---

① ［美］朱迪斯·戈尔茨坦、罗伯特·基欧汉编：《观念与外交政策：信念、制度与政治变迁》，刘东国等译，北京大学出版社 2005 年版，第 13 页。

第三章 观念：中国对外经济政策的来源

步融入全球经济。他们通过培训学习、参与谈判等多种渠道，成长为不仅能够理解、而且也有能力遵照世界贸易规则而进行工作的官员。这些官员和专家普遍相信："中国能够从入世中真正获益。"① 而且，这些在贸易机构中工作的官员，他们的职业生涯和考核业绩依赖于国际体制的良好关系，商务部就把出口业绩看做其工作目标之一，致力于推动中国出口贸易的快速和稳步增长。这些官员成为中国进一步贸易自由化的推动力量。

新一轮地区多边主义的兴起，为地方政府参与区域经济合作带来了新的契机。中央政府不再是经济外交的唯一行为体，地方政府承担着同样重要的经济角色。基于区位优势，地方政府在跨国问题治理中扮演着越来越活跃的角色，经济自主性不断增强。正是由于地方政府参与越来越多的区域多边合作，国家经济主权在国际—中央—地方纵向三个层面逐步分离，一部分经济治理权向上位移，转移到国际组织手中，另一部分和地方社会发展密切相关的经济治理权力向下位移，从中央政府手中转交给地方政府承担。经济治理权力的内外渗透，不仅把民族国家的国内经济和世界经济裹挟得更加紧密，而且也催生了治理主体多元化的趋势。而这些新的经济主体正在成为制度缓慢变革的有生力量。

其次，观念对制度中的组织设计产生影响，该影响将通过在组织中工作的具体的人以及该机构所服务的那些人的动机体现出来。国际观念在许多方面塑造了中国的国内体制。为了促进对外贸易和投资，中国的改革者们对对外经济事务的管理体制进行了调整。2003年的官僚机构重组，很大程度上是当时国际经济机制的要求所致。把原国家经济贸易委员会内负责贸易的部门和原对外经济贸易合作部合并成新的"商务

---

① Margaret M.Pearson, "The Case of China's Accession to GATT/WTO", in David M.Lampton (ed.), *The Making of Chinese Foreign and Security Policy in the Era of Reform (1978-2000)*, Stanford, CA: Stanford University Press, 2001, p.364.

部"，由其统一负责国内外经贸事务。机构合并的背后，是贸易观念的变迁：从贸易管理的分散化到一体化、从贸易控制到贸易促进再到贸易协调、从对外贸易的封闭管理到国际一体化。自由贸易区战略的实施离不开自由贸易协定的谈判和签署。无论是双边自由贸易协定，还是区域自由贸易区建设，都体现了中国对地区乃至国际经贸规则的重新调整和设计，而这离不开与伙伴关系国的政策协调，政策协调即意味着大量的利益交换与互相妥协，对外经济决策的跨部门协商机制亟需完善。同时FTA战略地位的提升，也对其制度的顶层设计提出了新的要求，如何平衡部门利益和国家利益、经济利益和外交利益的冲突成为制度设计的基本考量。

制度反映了主导观念的集合，其通过合法机制传递到正式的政府机构。① 观念如果通过正式程序被嵌入进制度，它就会持久地发生影响。那么观念影响的结果是什么？政策的变化即是观念变迁的结果。

三、观念变革与政策创新

观念变革引导政策创新。观念不一定总能体现在政策中，也并非每一项政策都能找到对应的观念。连接观念和政策变化的是政策范式。范式代表着一种权威，或一种主导性观念，规定了政策经济制度如何设计以及经济与政治如何相互关联的思想。政策范式"既包括以政策实施为形式的实践，也包括体现为政府行动原则的手段—目的的设定"②。通过分析政策范式，我们可以发现观念引领下的政策变化，具体体现为政策原则和政策手段的变化。

---

① Judith L.Goldstein,"Ideas, Institutions, and American Trade Policy", *International Organization*, Vol.42, No.1, 1988, p.181.
② ［美］弗兰克·道宾：《打造产业政策：铁路时代的美国、英国和法国》，张网成等译，上海人民出版社2008年版，第16页。

(一) 政策原则：经济利益优先还是政治利益优先

在西方的主流经济思想中，经济与政治是分开的，经济的运行与政治无关。但是，在中国的经济政策观念中，却直接承认经济增长和制度激励间的联系。与英美等自由资本主义的经济模式不同，中国的对外开放是对20世纪70年代以前由于封闭落后所引发的民族危机的反应。从一开始，中国的开放就强调三个价值目标：奋起直追、国富民强和经济兴国。"奋起直追"意味着承认自身与外在世界的差距，中国需要向"西方"学习；"国富民强"则说明，中国的对外开放不以改进个人经济福祉的愿望为动力，而是受到增强国家在国际竞争中的实力的欲望所驱动。即使民主、自由、公民等观念从近代以来就被引入中国，但更为强大的观念是集体、国家和政府。"经济立国"则强调国家实力，特别经济实力在赶超战略中的重要作用。由上述三个价值目标决定中国的对外经济政策范式呈现出下面两个特点：一是"国家"被赋予了主导性的角色；二是经济政策被赋予了战略高度。

1. "国家"主导

中国的对外经济政策范式具有重商主义的特点，国家不仅是经济政策分析的基本单位，也是现代经济运行的重要角色。中国具有计划主义的经济决策传统，改革开放之后，计划经济的思维模式不再继续，但国家在经济生活中的重要地位并未削弱。中国的政治决策者相信"干预主义"是国家和他们自身的利益所在。所以在经济政策中强调国家对市场干预，尽管这种干预的侧重点从"微观干预"逐步转向了"宏观干预"。当探讨国家在贸易自由化和投资自由化进程中的角色时，我们发现：贸易自由化和经济活动的分散化并不意味着政府角色变得无关紧要。政府并没有放弃全部的所有权和管理权，它仍然保持巨大的职能，并转而扮演调控者的角色。[①] 以贸易政策为例，国家的出口贸易政策经历了从"控制"—"管制"—"调控"的转变。改革前的中国对外经

---

① [美] 玛格丽特·M.皮尔森：《以比较的眼光看中国对入世协议的实施》，见陈志敏等编：《国际政治经济学与中国的全球化》，上海三联书店2006年版，第269页。

贸部是一个相对"保守"的部门，外经贸部通过贸易计划、许可证、关税和质量管理等多种手段行使了重要的行政控制的职能。改革开放以后，国家逐步降低了贸易机构对外贸的行政控制，如下放贸易权、缩小国家外贸计划的范围。这些改革措施使中国的外贸体制能够对出口导向的经济增长模式作出更为积极的回应。正如拉迪（Lardy）所言："80年代的一系列国内改革开始侵蚀传统贸易政策中对出口的偏见。"[①] 但这一时期，对外贸易被看做是国际收支平衡表中的补充项目。70年代和80年代国家对外经济战略的基本出发点是利用出口贸易来满足进口需求，即做到外汇收支平衡。特别强调出口贸易的创汇能力，"出口创汇能力的大小，在很大程度上决定着我国对外开放的程度和范围，影响着国内经济建设的规模和进程"[②]。出口贸易远远没有成为中国宏观经济增长的主要动力。贸易控制权的进一步削弱在90年代，入世提供了中国贸易体制与国际接轨的契机。商务部在对外贸易中的主要职能由贸易控制向贸易促进和贸易协商转变。

同样的转变发生在海外投资领域。2000年以来，政府通过设立投资基金的形式，鼓励企业海外投资。这些基金有的是以产业为特征，有的是以国别和地区为特征，但无一例外属于政府专项投资资金。2004年10月，国家发改委、中国进出口银行等颁布了《关于对国家鼓励的境外投资重点项目给予信贷支持的通知》，每年安排"境外投资专项贷款"，享受出口信贷优惠利率。国家开发银行等政策性银行通过商业贷款的形式，鼓励中国石油企业开展海外并购业务。美国学者邓丽嘉（Erica Downs）的研究表明：2005—2010年，国家开发银行提供了746亿美元的商业贷款，分别资助中国公司在俄罗斯、巴西、土库曼斯坦、

---

① Nicholas R. Lardy, *Foreign Trade and Economic Reform in China*, Cambridge: Cambridge University Press, 1993, p.38.
② 《中国共产党第十三次全国代表大会政治报告》，参见"中国共产党历次全国代表大会数据库"网站，http://cpc.people.com.cn（访问时间：2015年8月7日）。

委内瑞拉、厄瓜多尔等国的能源合作项目。① 在一些外国政府官员看来，中国正在试图"锁定"能源供应。政府的财政支持和政治帮助对中国在安哥拉、苏丹、赞比亚和津巴布韦的投资至关重要。②

2. 战略利益主导

所谓的战略利益主导，是指对外经济政策中一贯追求的经济目标被赋予了安全、外交等非经济动机，而且成为重要的动机。中国的出口贸易、自由贸易区建设、海外直接投资无一例外都具有国家战略的地位。出口导向战略尽管没有写入党的文件之中，但出口贸易一直在中国对外经济中发挥着战略性的作用。中国对外经济增长的两大动力之一就是外资拉动下的外贸增长。这在20世纪90年代以前最为显著。以自由贸易协定（FTA）为基础的自由贸易区建设同样具有国家战略的高度。党的十七大报告首次明确提出要"实施自由贸易区战略"，标志着自由贸易协定由一般的贸易政策转变为外交战略的贸易政策，党的十八大报告中则提速为"加快实施自由贸易区战略"，十八届三中全会进一步细化为"以周边为基础加快实施自由贸易区战略"。中国的海外直接投资是和"走出去"战略联系在一起的。作为国家的中长期发展战略的组成部分之一，"走出去"战略的首次提出，是在2000年3月的全国人大九届三次会议期间。2000年10月召开的党的十五届五中全会上，审议并通过了《中共中央关于制定国民经济和社会发展第十个五年计划的建议》。《建议》中明确提出实施"走出去"战略，并把它作为四大新战略（西部大开发战略、城镇化战略、人才战略和"走出去"战略）之一。

作为一项国家战略任务，上述政策均肩负着多重战略目标：经济发展、地缘政治和能源安全。经济动机并不是决策者唯一关注的问题，有

---

① Erica Downs, "Inside China, INC: China Development Bank's Cross-Border Energy Deals", http://www.brookings.edu（访问时间：2015年7月9日）。

② 《中国企业海外投资的"真相"》，FT中文网，http://www.ftchinese.com（访问时间：2015年7月8日）。

时候地缘政治和国家安全成为贸易和投资谈判的出发点,即使有经济利益的考量,也是和其他目标混合在一起的。① 以 FTA 谈判为例,有的自由贸易协定中追求的"非经济目标"甚至超过经济动机本身。如中韩 FTA 中体现的地缘政治利益,中智 FTA 中追求的能源安全利益等等。正因如此,自由贸易协定往往成为国家"经济治国"的手段,演变为外交战略的组成部分。② 阿加塔·安特科维茨（Agata Antkiewicz）和约翰·韦勒（John Whalley）指出,通过签署双边和区域自由贸易协定,中国正将其传统的贸易利益和最广泛的经济、外交和安全利益联系起来。③ 赫德利和 J.杨也指出,中国参与的 FTA 谈判是和国家安全战略联系在一起的。一国参与区域经济一体化的目标本身就是多元的,纯粹基于经济利益而签署的自由贸易协定基本不存在,FTA 已经成为国家的经济外交工具,正在实现越来越多的非经济利益。同样,中国在海外开展的投资业务中,政策性银行所提供的商业贷款背后都存在的政治利益:通过"贷款换石油",帮助中国企业获得国际能源市场的份额。这和中国政府的能源和安全利益紧密联系在一起。

(二) 政策工具:单一工具到多元工具

政策工具的选择并不是一个纯粹的技术问题。观念制约了决策者对实现政策目标的政策工具的选择。历史惯例、自身兴趣和选择偏好都会影响决策者运用不同的政策工具实现同一目标。

中国政治文化中对主权、平等观念的强调,也使得中国在融入全球多边体系的进程中几近曲折。中国一直强调自身在国际经济体系中的平等地位,这一看待世界的方式也决定了我们对待现存多边体系的态度。

---

① Dan Wei,"China's Regional Trade Agreements: Implications and Comments", *Manchester Journal of International Economic Law*, Vol.6, 2009, p.95.

② Vincent Wei-cheng Wang, "The Logic of China-ASEAN Free Trade Agreement: Economic Statecraft of 'Peaceful Rise'", China in the World, the World in China International Conference, No.5-6, 2007, p.19.

③ Agata Antkiewicz, John Whalley, "China's New Regional Trade Agreements", National Bureau of Economic Research Working Paper, No.10992, December 2004, p.27.

改革开放之初,由于担心多边经济组织会对中国的国家主权形成制约,中国参与全球经济组织时表现为审慎和疑虑。即开放要尽量减少主权代价,对外经济合作是为了增强国民经济自主能力,而不是削弱它。现存的多边经济体制具有"工具性"的价值属性,即参与国际经济体制是实现对外开放的手段,而非目标本身。邓小平在多种场合反复强调独立自主和对外开放的关系,他指出独立自主和自力更生并等于是闭关锁国,独立自主也要发展和国外的经济技术交流。这一时期对经济主权的认识,既要刻意区分和毛泽东时代的自给自足的经济发展模式的差异,同时又没有完全摆脱传统主权观念的束缚,反复强调中国参与国际经济合作不会对中国国家主权原则和独立自主原则造成侵害,参与国际体系是为了增强自力更生能力,促进民族经济的发展,而非成为现存体系的一分子。但是,一旦打开国门,进入国际社会之中。国际规范和观念会对政策范式产生潜移默化的影响,中国对国际体系的态度和认知随之发生了变化。国际机制不仅仅具有工具性的价值,同时成为中国政策范式的目标之一:多边主义和地区主义。

中国对外资的态度也导致了其作为一种政策工具的变化。改革开放之初,中国决策者认识到:"搞现代化建设,我们既缺少经验,又缺少知识,要利用外国智力和扩大对外开放。"① 所以,中国参与国际经济合作的侧重点是对外技术交流,以借鉴国外先进的技术和管理经验。对引进外资持谨慎态度,"跨国公司被视为依附的化身"②,应"尽可能利用外国政府和国际金融组织的中低利率、中长期贷款,加快一些重点项目和基础设施的建设"。这从外商直接投资(FDI)对经济增长的贡献就可以看出。1990年以前,中国利用FDI在国内生产总值中的比重不到1%。1984年世界银行派出考察团来中国进行经济考察,在随后提交的考察报告中指出:"中国恢复对外经济联系之后,出口额占到国民收

---

① 邓小平:《邓小平文选》(第三卷),人民出版社1993年版,第32页。
② [美]丹尼·罗德里克:《新全球经济与发展中国家》,王勇译,世界知识出版社2004年版,第38页。

入的9%—10%，但是外来贷款额和外来投资额仍然很小，主要原因在于外贸顺差可以弥补国内积累的不足。"① 1992 年，外商直接投资首次超过对外借款，成为利用外资的最主要的方式。中国吸收外资的规模和速度在发展中国家排在最前面，1993 年起，中国连续 15 年成为吸收外资最多的发展中国家。外商直接投资在利用外资中比例的提高，主要反映了中国对外经济决策层对 FDI 态度的转变。"现在关于跨国公司带来的正面溢出效应的报道越来越多。"② 2004 年之前，中国海外直接投资的规模十分有限。然而从 2004 年开始，随着中国经常账户盈余的快速增加，海外投资的步伐明显加快。海外直接投资流量从 2002 年的 27 亿美元增加到 2014 年的 1028.9 亿美元（见表 3.1）。2008 年金融危机后，全球进入了总需求不足和去杠杆化的漫长进程，外需不再成为中国国内经济增长的主驱动，引进外资模式的弊病越发明显，中国的战略机遇主要表现为国内市场对全球经济复苏的巨大拉动作用和在海外出现的技术并购、基础设施投资和资源获取的机会。以国内发展需求为主导的海外直接投资成为主要的政策工具。

表 3.1 中国对外直接投资（流量）（2003—2014）

（单位：亿美元）

年份	对外直接投资	排名
2003	29	
2004	55	10
2005	122.6	10
2006	211.6	
2007	265.1	

---

① 世界银行1984年经济考察团：《中国：长期发展问题和可选择方案》，中国财政经济出版社1987年版，第189页。

② [美] 丹尼·罗德里克：《新全球经济与发展中国家》，王勇译，世界知识出版社2004年版，第38页。

(续表)

年份	对外直接投资	排名
2008	559.1	
2009	565.3	5
2010	688.1	5
2011	746.5	6
2012	878	3
2013	1078.4	3
2014	1028.9	3

对外经济政策的范式选择取决于政策制定者在目标和可供选择的工具之间的组合。改革开放30多年，中国的经济政策范式在政策目标上经历了"经济立国"优先到"地缘政治"优先的转变，为了实现这种转变，政策制定者有意识的使用了出口贸易、利用外资、区域经济合作、海外直接投资等多种手段，这些政策工具的组合使用体现了决策者和决策机构的路径依赖、利益偏好和历史传统的影响。政策目标和政策工具共同界定了中国对外经济政策的历史变迁。

本章小结

观念变革引领着时代前进的方向和步伐。指导中国对外经济政策的原则性观念经历了三个阶段的变化。在不同的时期，由于决策者对"自身"和"世界"关系的认知不同，以及实现国家利益的方式不同，对外经济的政策观念也有所不同。很难用一种明确的"主义"来界定中国的经济开放模式，中国的经济政策范式体现了对"新古典经济学"和"新国家主义"的兼收并蓄。一方面，中国在开放进程中大胆地引进市场力量，如大胆利用外资和开放国内市场；另一方面，国家管控经济的迹象并未减弱，特别是在海外直接投资和金融政策领域。

观念不仅构成对外经济政策的信仰和价值理念，而且试图借助各种途径影响政策选择和政策结果。首先，观念需要取得国内合法化的地位，与国内改革的需要相一致；其次，各种思想观念只有经过竞争才能赢得对外交战略的影响权。这里需要强调的是，观念的竞争也是政治竞争的结果，因为观念只有被那些在政治权力的较量中获胜的官员所持有，才可能对政策结果产生影响。观念寻求政治行为体的支持，说明了制度在观念变革和政策变迁中的意义；最后，观念总是附着于特定的个体和组织之上，行为体的政策偏好不仅取决于观念，而且取决于行为体所处的经济地位，观念和利益共同制约了行为体的政策偏好。

第四章 社会联盟：对外经济政策的国内支持

对外经济政策的制定和实施必须获得社会的支持。经济政策的制定和选择最终是由个体作出的，特别是那些处于决策系统顶端的政治家在政策抉择中起着主导的作用。但是，这些政治人物的政策选择必须获得来自社会的支持。经济活动中的社会行为体由于利益的差异，具有不同的政策偏好，政策偏好的差异会导致他们对政府选择的政策采取合作或拒绝的态度。联盟是社会行为体影响政策结果的重要方式之一。本章主要论述中国对外经济决策的社会行为体及其政策偏好，他们与其他力量结盟或冲突，制约对外经济政策的走向。

社会联盟最早是由彼得·古勒维奇（Peter Gourevitch）在1977年发表的一篇短文《国际贸易、国内联盟和自由》中提出，他在这篇文章中主要分析了四国（德、法、英、美）在1873—1896年的危机中不同应对方案，并指出造成这种差异的主要原因在于国内利益联盟。[1] 由此开启了比较政治经济学新的研究路径——社会联盟范式。解释政策结果的，不是机构的正式属性，而是正式的结构与社会行为者和团体领导人的目标之间相互作用的方式。[2] 本章主要从社会层面剖析对外经济政

---

[1] Peter Gourevitch, "International Trade, Domestic Coalitions and Liberty: Comparative Responses to the Crisis of 1873–1896", *The Journal of Interdisciplinary History*, Vol.8, No.2, Autumn 1977, pp.281–313.

[2] [美] 彼得·古勒维奇:《艰难时世下的政治：五国应对世界经济危机的政策比较》，袁明旭等译，吉林出版集团有限责任公司2009年版，第16页。

策：社会行为体在国际经济中的地位，他们的政策偏好以及与其他政治力量结成联盟的基础和能力。

社会联盟并不是固定和永久的，时常面临着冲突和分化的危险，中国对外开放的30多年，国内社会力量围绕重大政策问题不断地分化和重组。在诸如对外贸易战略、加入世界贸易组织、区域贸易协定、海外直接投资等一系列议题领域均存在联盟的形成和分化。本章共分为四部分，第一部分主要论述社会联盟理论的基本内容和分析视角；第二部分到第四部分主要从动态的角度分析社会联盟格局的变动，社会联盟并不是一成不变的，他们会围绕一系列重大政策问题发生分化和重组。

一、对外经济政策的政治—社会学视角：社会联盟理论

通常而言，来自利益集团、不同层级的行政机构和社会大众会以各种方式参与到对外经济决策中来。社会联盟理论主要论述社会行为体在对外经济决策中的地位和作用，但同时指出国内政治结构的重要影响，由此构建了对外经济政策的政治—社会学分析框架。所谓的社会学分析框架主要从国内社会的层面来阐释一个国家的政策选择。这里的社会层面主要是指社会行为体在国际经济中的地位，以及行为体的政策偏好，他们与其他力量之间联合和冲突的潜在基础。① 该研究视角与利益集团模式有很大的相似之处，二者均强调社会压力和政策结果之间的关系，有所区别的是，社会联盟理论对社会进行了更为具体的分解，如果说利益集团主要论述庞大的社会集合体——工人和资本家——在政策过程中的地位和作用，那么社会联盟理论则具体到社会中的某一个部门或分支。除此以外，社会联盟理论在强调对外经济政策的社会因素的同时，指出政治权力在政策制定过程中的重要性。"联盟"一词并不仅仅是一组拥有共同政策偏好的人，它还隐藏了为影响政策制定而进行的某些政

---

① ［美］彼得·古勒维奇：《艰难时世下的政治：五国应对世界经济危机的政策比较》，袁明旭等译，吉林出版集团有限责任公司2009年版，第54页。

治活动。① 为什么有的联盟会成功,而有的会失败,并不仅仅取决于联盟的政策偏好,更重要的是政治运作。这里的政治运作指的是"政治家追求一定的目标并寻求适合于他们的政策;社会行为者也追求一定的目标并寻求适合于他们的政治,把他们结合在一起就是政治的任务"②,一语中的道出了对外经济决策的实质。

(一) 社会联盟理论的内部分化

对社会的分解是社会联盟理论的重要特点。③ 由于采用了不同的经济模型。社会联盟理论出现了内部分化:部门(产业)模式和要素禀赋模式。前者是建立在李嘉图—维纳模型之上,后者则主要依托斯帕尔托—萨缪尔森模型。彼得·古勒维奇主要以部门/行业为基础来划分社会联盟。他在分析1873—1896年经济危机时指出,每一次经济危机来临时,都会涉及一系列的政策调整,不同国家会采取截然相反的应对策略,最简单的解释就是"新的经济环境对每一个国家中工业、农业和劳工等集团的影响方式不同"④。在德国,由农业集团中的容克地主和工业集团中的钢铁重工业制造商组成的铁—麦联盟,反对贸易自由化,主张高关税的贸易保护,而工业集团中的出口导向型制造商和劳工集团则组成自由贸易联盟,支持贸易自由化。主张贸易保护的铁—麦联盟在最终的政治斗争中打败了主张自由贸易的社会联盟,占据了经济决策的主导权。与此相反,这一时期的英国则推行自由贸易方针,国内工业、金融业、商业和劳工集团建立了广泛的自由贸易联盟,在政策制定中处于主导地位。按照部门(产业)来划分社会行为体,社会行为体之间的政策差异不仅体现在行业之间,同一行业内部也有所不同。以农业集团

---

① [美]迈克尔·J.希斯考克斯:《国际贸易与政治冲突:贸易、联盟与要素流动程度》,于扬杰译,中国人民大学出版社2005年版,第58页。
② [美]彼得·古勒维奇:《艰难时世下的政治:五国应对世界经济危机的政策比较》,袁明旭等译,吉林出版集团有限责任公司2009年版,第269页。
③ 朱天飚:《比较政治经济学》,北京大学出版社2006年版,第124页。
④ [美]彼得·古勒维奇:《艰难时世下的政治:五国应对世界经济危机的政策比较》,袁明旭等译,吉林出版集团有限责任公司2009年版,第10页。

为例，由于政策立场不同，该集团被一分为二，一部分是大地主或土地所有者，另一部分是农民或小农，在德国，前者支持贸易保护，后者则是贸易自由主义者，而在美国，前者是贸易自由主义的支持者，后者则站在贸易保护主义的阵营里。由此可见，即使是同一生产要素的所有者也不是铁板一块，跨行业、跨部门的政策联盟并不鲜见。

海伦·米尔纳（Helen V. Milner）在20世纪80年代关于跨国公司贸易政策偏好的研究完善了部门（行业）模式。米尔纳在研究中指出，行业的政治诉求构成政策研究的独立变量，但是随着国际经济相互依赖程度的提高，同一行业内部的各个企业之间的政策偏好差距越来越明显，这主要是因为企业的国际化程度不同造成的。具有出口导向并且多国运作的企业要比面向国内的企业更为开放，前者往往支持贸易自由化，而后者会寻求贸易保护。① 米尔纳的研究也支持行业内部的利益和政策分化，但她主要以企业为研究对象，相比较企业所处的行业来说，企业本身的开放程度更能解释其政策偏好。

罗纳德·罗戈夫斯基（Ronald Rogowski）在分析国际贸易如何引起国内政治分化时，主要根据要素禀赋来划分联盟。他指出，任何一个社会中，那些稀缺要素的所有者以及广泛使用稀缺要素的厂商会因贸易保护而获益（或者说因贸易自由化而受损）；相反，那些充裕要素的所有者以及广泛使用充裕要素的厂商会因贸易保护而受损（也就是说因贸易自由化而受益）。② 罗戈夫斯基的要素禀赋模式主要是以阶级为分析基础，如土地要素的所有者——地主，劳动力要素的使用者——劳工，资本要素的所有者和使用者——资本家，然后来阐述国际经济条件的变化，主要是国际贸易的兴衰，对国内政治的影响，进而说明同等国际条

---

① Helen V. Milner, *Resisting Protectionism: Global Industries and the Politics of International Trade*, Princeton: Princeton University Press, 1988; Helen Milner and David B. Yoffie, "Between Free Trade and Protectionism: Strategic Trade Policy and A Theory of Corporate Preferences", *International Organization*, Vol.43, No.2, 1989, pp.239-272.

② [美]罗纳德·罗戈夫斯基：《商业与联盟：贸易如何影响国内政治联盟》，杨毅译，上海人民出版社2012年版，第1页。

件下不同要素所有者的政策立场的差异。

无论是部门（行业）模式，还是要素禀赋模式，都关注对社会的进一步细分。彼得·古勒维奇在其研究中把社会分解为商业集团、劳工集团和农业集团，然后每个集团内部又可以按照部门和产品的类型进一步分解。罗纳德·罗戈夫斯基则把社会分为资本要素所有者、劳动力要素所有者以及土地要素所有者。对外经济政策往往是由具体的部门和个人作出的，只有对"社会"进行具体的分解，才能厘清不同行为者围绕同一政策问题所发生的利益分化和利益重组。以罗戈夫斯基的研究为例，按照他的要素禀赋模式的解释，一个社会中的稀缺要素的所有者以及广泛使用稀缺要素的厂商会因贸易保护而受益，相反，那些充裕要素的所有者以及广泛使用充裕要素的厂商会因贸易保护而受损。当国际贸易扩张或衰落时，会在不同的经济体中产生不同的政治效果。如在资本和劳动力充裕、土地稀缺的发达经济体中，贸易扩张会引起资本家和工人受益，他们会结成联盟拥护自由贸易，而土地资源的所有者以及集中使用土地获利的牧业或农业则会从贸易扩张中受损，他们会联合起来反对自由贸易。罗戈夫斯基的理论很难解释：美国的劳工一直稀缺，但为什么在战后国际贸易扩张的20多年里，工人并没有组织起来反对经济开放和自由贸易。正如有的学者指出的那样，如果可以将不同类型的劳工加入到罗戈夫斯基的理论中，那么就可以解释战后美国劳工对自由贸易态度的转变。[1]

（二）社会联盟理论：国家和社会的互动

在社会联盟理论里，国家和社会没有绝对的界限。[2] 在这一点上，社会联盟理论借鉴了"国家主义"范式对国家作为独立行为体的强调，但与"国家主义"范式中国家和社会力量各自是独立的行为体不同，社会联盟理论注重国家和社会的互动，指出社会的组成部分和国家的组

---

[1] Paul Midford,"International Trade and Domestic Politics: Improving on Rogowski's Model of Political Alignments", *International Organization*, Vol.47, No.4, Autumn 1993, pp.535-564.

[2] 朱天飚：《比较政治经济学》，北京大学出版社2006年版，第123页。

成部分根据利益而交叉组成联盟以推动或反对某项政策。这在古勒维奇的分析中较为明显，他指出国家在政策选择中的作用，尽管他这里的"国家"主要是指政治家，即政策是政治家是从各种要素、限制和机遇中锻造的结果。① 但毕竟指出了对外经济决策中的一个不可或缺的要素：国家。罗戈夫斯基的研究尽管没有国家的影子，但也在强调一个事实：政策的结果并不是均等化的，总会有一部分人从政策中受益，而另一部分人则会利益受损，而谁是受益者，谁是受损者，既是国家和社会谁主导谁的问题，也是那些潜在的获益者组成跨国家—社会联盟的结果。

社会联盟理论指出政治权力在政策制定过程中的重要性。"联盟"一词并不仅仅是一组拥有共同政策偏好的人，它还隐藏了为影响政策制定而进行的某些政治活动。② 这样的政治活动包括具有相同偏好的社会行为体联合起来寻求对政策的改变。社会行为体可以采取各种方式影响政策，分别是：参加联盟、扩大与官员的联系、法律途径、游说、抗议等。但是，并非所有的社会联盟的政策主张均能进入政府的决策系统。为什么不同的政策联盟对政策结果具有不同的影响？为什么有的联盟会成功，而有的联盟会失败？决定其成败得失的并不仅仅是政策偏好的差异，更重要的是政治运作。对外经济政策具有"分配政治"的实质，即国际经济的兴盛和衰落会引发国内政治力量的分化和重新配置。那些从国际经济变革中受益的阶级或部门试图加快这一进程，而那些利益受损的阶级或部门则试图减缓这一进程，同时，受益者在财富和收入的增长的同时也希望扩展政治影响力。③

---

① [美] 彼得·古勒维奇：《艰难时世下的政治：五国应对世界经济危机的政策比较》，袁明旭等译，吉林出版集团有限责任公司2009年版，第268—269页。

② [美] 迈克尔·J.希斯考克斯：《国际贸易与政治冲突：贸易、联盟与要素流动程度》，于扬杰译，中国人民大学出版社2005年版，第58页。

③ Ronald Rogowski, "Political Cleavages and Changing Exposure to Trade", *American Political Science Review*, Vol.81, No.4, 1987, p.1123.

第四章 社会联盟：对外经济政策的国内支持

从政治—社会学视角分析对外经济政策，触及了对外政策制定和选择的实质因素。对外经济政策的制定和选择必须关注两个问题：社会支持和政策过程。政治家的政策选择取决于社会需求，如果没有来自社会的支持，政治家的决策就会面临合法性危机，同时还存在执行难的问题；与此同时，政策偏好的聚集和表达是个充分政治化的过程，一种主张能够取得优势并成为特定政府的实际决策，离不开掌握政治权力者的支持。政策从制定到执行的程序也规定了社会利益聚合的方向和形成联盟的格局。社会联盟理论的政治—社会学分析框架不仅引发了人们对国际关系研究国际—国内互动的关注，而且进一步丰富和发展了对外经济政策研究的国内结构[①]路径，特别是对社会的具体分解，使国内结构的研究路径从政策结构回落到政策个体，有助于厘清对外经济政策中冲突的来源和改变对外经济战略的途径。

有鉴于此，下文在分析中国对外经济政策中的社会基础时，首先分析中国对外经济政策中的社会行为体及其政策偏好，社会行为体的政策偏好主要受到三种相关因素的影响：（1）行为体所拥有的要素类型及丰裕程度；（2）行为体所处的产业在国际经济中的竞争力。处于国际竞争最前沿的产业会支持贸易开放的政策，在国际竞争中处于不利地位的产业或行为者寻求政策保护，进而支持贸易保护；（3）企业日渐成为沟通国际关系和国内政治的重要行为体，企业的产权性质和战略定位决定了其政策偏好。（详见表4.1）

除此以外，中国的各个产业集团，如商业、工业和农业集团，进行影响政策的政治性活动时，并没有独立的自组织代表，多诉求于政府机构，视中央政府各部委和地方政府为其利益代表，所以中央政府和地方政府在市场经济体制之下也发展为独立的利益主体。

[①] 卡岑斯坦把国内结构界定为国内政治中的统治联盟和政策网络，具体包括企业和国家结成的联盟关系以及连接公共部门和私营部门之间的政策网络。详见 [美] 彼得·J.卡岑斯坦：《权力和财富之间》，陈刚译，吉林出版集团有限责任公司2009年版，第21、22、361页。

表 4.1　社会行为体与其政策偏好①

政策偏好＼行为体	国际贸易政策	国际投资政策	汇率政策	货币政策
稀缺要素的所有者	贸易保护	（劳动力）开放	——	政策自主
充裕要素的所有者	自由贸易	（资本）保护	——	政策趋同
进口—竞争的产业	贸易保护	保护	固定汇率	政策自主
出口产业	自由贸易	开放	固定汇率	政策趋同
国际导向的企业	自由贸易	开放	固定汇率	政策自主
国内导向的企业	贸易保护	保护	浮动汇率	政策趋同

其次，社会行为体根据利益变化结成联盟推动政策的变化。利益相似，联盟形成，利益变化，联盟瓦解。与新古典政治经济学主要强调利益集团利益的相似性不同，社会联盟理论更关心利益集团的不同利益。② 共同利益是形成联盟的基础，但是这样的基础并不是一成不变的，共同利益随着时间的变化而变化，旧的联盟瓦解，新的联盟形成，社会联盟结构随之调整。为了更好地说明联盟格局的变化，下文将按照历史的进程逐一展开。

二、20世纪80年代的社会联盟格局

1978年，伴随着国内工作重心的转移，对外开放成为中国外交转型的必然选择。那些从对外开放中获益的部门——轻工业、农业和沿海地区成为开放政策的强有力支持者，但是内向型的经济部门仍然在经济决策中拥有一定的影响力，是经济民族主义的坚定拥趸者。这两大社会联盟（表4.2）围绕对外经济政策进行了激烈的辩论，国际主义联盟在

---

① 本表格参考了钟飞腾：《社会行为体与政策偏好：国际政治经济学研究的微观基础》，载《世界经济与政治》，2007年第4期，第54—62页。
② 朱天飚：《比较政治经济学》，北京大学出版社2006年版，第125页。

政策辩论中最终胜出，主导了这一时期的对外经济决策。经济民族主义联盟并没有完全退出公共政策空间，继续发挥作用。

表 4.2　20 世纪 80 年代国内社会联盟及其政策立场

社会联盟	社会行为体	政策立场
国际主义	农业、轻工业、沿海省份的地方政府	扩大出口 吸引外商投资 下放对外贸易权 地方实验
民族主义	重工业、内陆省份、计划经济时代的企业和政治精英	进口替代 自给自足的经济体系 对外贸易权力集中于中央部门

（一）国际主义联盟

国际化进程会影响一国社会行为体面临的机会和约束，进而影响行为体的经济利益和政策偏好。最为明显的是，一国内部社会行为体的利益越来越多地被国际经济力量所左右，国内社会联盟的分化和重组主要集中于国际化进程中相关的各种政策议题，如国际贸易、汇率政策、投资政策等领域。20 世纪 80 年代，中国对外经济以出口贸易为主，外商直接投资在经济增长中的作用并不明显，所以这一时期的社会分化集中于贸易政策领域。对外贸易的改善会在一国内部产生国际化的赢家和输家。获益者倾向于进一步推动贸易自由化，而利益受损者则会采取措施限制贸易自由化进程。改革开放之前，中国拥有大量的非熟练劳动力，而资本、信息技术相对稀缺。改革开放初期，劳动力以及劳动力密集型的企业、部门和地区借助出口贸易，收入提高，经济地位得以改善，在政策倾向上主张进一步开放市场，融入到国际社会中。

1. 轻工业

改革开放以前，中国以建立完整的工业体系为目标，重工业得到国家的重点扶持，有限的资金多集中在钢铁、石油化工、有色金属等行业，轻工业和农业的发展则相对滞后。在这种国内发展战略之下，最大的赢家是重工业联盟，包括军工部门、内陆省份和计划经济时代的行政管理者。① 他们是稀缺资源——资本要素的拥有者，并且通过与政治权力的结合，强化了经济地位。50年代的国务院部委中有15个部委与重工业有关，只有两个部（轻工业部、纺织工业部）与轻工业有关，与农业相关的部委地位也不及重工业。加上高度集中的计划经济体制，经济政策的制定权集中于中央政府的各个部委，重工业联盟获得了政治上的保障，进一步强化了经济地位。在封闭的经济环境中，由于信息的缺乏，那些有可能从国际经济活动中获益的集团难以获得相关信息，进而感觉不到变革的压力。70年代末期，当中国和世界经济之间的藩篱打开，国际化对中国改革进程的影响马上显现出来。作为劳动力密集型产品的出口大国，以轻纺工业为主的制造业充分利用比较优势，从对外贸易中获益较多。整个80年代，工业制成品在商品出口总额中的比重逐年上升，从1980年的49.70%上升为1990年为74.41%，其中又以轻纺产品为主。1991年轻工产品出口创汇额191亿美元，比1978年增长8倍。② 经济利益的分化造成了工业集团内部的政策分歧。以纺织业为主的轻工业部门成为国际主义和自由贸易的倡导者，而以钢铁、石油为主的重工业成为保护主义的支持力量。

2. 农业

按照要素禀赋理论，中国的农业部门应该是自由贸易的利益受损者，特别是一些土地密集型产品，如大豆、棉花，在国际竞争中处于劣势。但由于中国的对外开放是和对内改革联系在一起的，家庭联产承包责任制解放了农村的生产力，农民成为经济体制改革的最大受益者。1980—1990年，农民收入年均增长12.7%，其中1980—1984年是高速增长阶段，从191.33元增加到353.33元，增长幅度达到15.9%。③ 农民收入的增长

---

① [美]谢淑丽：《国际化与中国的经济改革》，见[美]罗伯特·基欧汉主编：《国际化与国内政治》，姜鹏等译，北京大学出版社2003年版，第197页。

② 数据来源：《中国统计年鉴》（2005），http://www.stats.gov.cn/tjshujia/tjzl/index.htm（访问时间：2015年6月12日）。

③ 秦兴洪、廖树芳、武岩：《近50年来中国农民收入变动的五大特征考察》，载《学术研究》，2003年第11期，第35页。

得益于农村进行的家庭联产承包改革,权力下放和市场化导向的改革,带动了农民生产的积极性,农民成为改革力量的重要组成部分。加之,中国农业部门在80年代并未完全参与到国际经济体系中来,受到对外开放的冲击较小,所以农民和城市中的工人共同构成开放联盟的支持者。

3. 民营企业

90年代以前,中国经济增长的动力主要来自国有企业之外的部门,出口贸易中最强劲的部分来自外资企业和进行加工贸易的乡镇企业。乡镇企业在吸引外资、劳动力就业等方面都表现出超过国有企业的优势,特别是在东部沿海地区,开放的区域环境为民营企业的发展提供了机遇。乡镇企业充分利用加工出口贸易,成为对外贸易中的的主力军。经济地位决定政治态度,民营企业积极支持改革开放。

从经济地理上讲,中国对外贸易中经济实力首先得到增强的是东部沿海地区。东部沿海地区拥有地理位置上的优势,并且最早享受到国家政策及制度上的优惠。大量外资涌入该地区,形成以外向型经济为主的产业群。同时,源源不断的内地农民工加入,沿海地区充分享受政策、劳动力、资金相结合产生的经济成果。本来在低廉劳动力方面应该对国际资本有优势的中西部省份,由于劳动力东移,这方面的优势也被东部省份所取代。改革开放初期,上海、辽宁、广东进出口总值占全国比重前三位,为57.57%。1986年起广东成为中国最大的进出口贸易基地,占全国进出口总值比重最大年份为1991年的47.99%,位居第二位的省份是江苏,2001年进出口总值占全国比重为10.07%,辽宁作为中国的老工业基地,进出口总值占全国比重从1980年的21%逐年下降,2007年已经降为2.74%。① 东部沿海地区从国际化进程中获得巨大收益,支持全面开放和贸易自由化。

---

① 数据来源:商务部网站,http://www.mofcom.gov.cn(访问时间:2015年12月3日)。

(二) 民族主义联盟

20世纪80年代,经济民族主义得到资本密集型工业部门、内陆省份的支持,它们在国际竞争中相对缺乏优势地位,但并没有完全丧失经济政策的参与权和影响力。民族主义联盟反对开放和出口导向型经济战略,主张贸易保护和进口替代战略。

1949年到1978年,中国实行的是具有浓厚的计划经济色彩的进口替代经济发展战略。[①]"进口替代"是指采用贸易保护措施来发展本土工业并以当地工业品代替进口工业品的贸易发展战略。新中国建立以后,中国政府通过关税保护、进口配额、政策倾斜等多种手段扶持本土幼稚产业的生产和出口,推进进口替代工业化。"进口替代"联盟的社会行为体包括:

1. 重工业

由于进口替代部门均为资本密集型的重工业,为了给重工业提供资本,计划管理部门不得不借助于价格剪刀差人为地压低农产品和原材料的价格,使重工业部门积累了大量资本,同时通过隔绝国内和国际经济之间的联系,使重工业部门远离国际竞争的压力,逐步建立起以钢铁和机械为中心的自给自足的工业体系。重工业部门成为进口替代战略的最大赢家。1979年改革开放之后,中国的对外贸易战略由进口替代向出口导向转变,但政府并没有完全放弃一些具有进口替代倾向的政策措施,重工业依然在国家投资的比例分配上占据主导地位,1953年到1980年,重工业基本建设投资总额比例为89%以上,90年代,这一比例一直维持在80%左右[②],重工业继续享有投资优先权。1993年以前,中国一直执行"石油换外汇"的政策。作为一个石油净出口国(1993年以前),增加的石油出口收入占增加的中国出口总收入中的1/3以上,

---

[①] 马颖、李建波:《从进口替代到出口导向:大陆与台湾贸易发展战略的路径比较》,载《亚太经济》,2007年第3期,第79页。

[②] 李春瑜:《近年来中国工业投资结构与效率变动趋势研究》,载《经济与管理研究》,2009年第9期,第47页。

石油出口的主要目的是为了增加外汇储备。1985年以后，纺织品和其他工业品出口数量逐渐增加，到1991年，纺织品等轻工业品占到了出口产品比重的3/4，但"石油换外汇"的政策并没有及时调整。① 一些石油进出口公司仍然享受原油出口退税，1993年，中国由石油出口国转变为石油进口国，这一政策才得到调整。正是基于对外贸易战略中的进口替代政策，"重工业联盟"即使难以继续享受计划经济体制下的政策保护，但并未完全失去政策优势，这使得他们对政策转变持模棱两可的态度，既非坚决反对，又非明确支持。

2. 内陆省份

内陆省份本来在劳动力资源方面占有极大的优势，但是随着劳动力在改革开放之后向东南沿海地区移动，内陆省份并没有在对外开放中享受到比较优势带来的收益。改革开放以前，中西部省份在"一五"期间和"三线"建设时期曾得到了国家的大量投资和沿海地区的支持，形成了重工业为主的工业体系。改革开放初期，内陆省份在国际竞争中缺乏比较优势，倾向于反对开放和寻求保护。80年代中国的对外开放格局仅限于广东、福建等沿海城市，广大内陆省份依然停留在国际市场之外。80—90年代，中国对外贸易的主要贡献地区是东部沿海省份，1980—1986年，东部沿海地区占我国进出口贸易总值的比重为91.56%，同期中部地区进出口总值的比重为6.34%，西部地区进出口总值占全国的比重为2.01%。② 一般来说，对外经济联系密切的省份要比对外经济封闭的省份在自由贸易问题上更为积极和乐观。

3. 资本要素所有者

自给自足的封闭经济体系强化了行政力量对经济的控制。作为资本要素的所有者，党政官员，包括国有企业的行政管理人员，在计划经济

---

① 高辉清：《中国能源发展战略报告》，载《财经界》，2005年第12期，第49页。
② 周玉翠：《我国对外贸易的区域差异研究》，载《经济问题探索》，2009年第10期，第102—103页。

体制下享有优越的经济和政治地位,对现有的制度安排较为满意,反对竞争和变革,对政策创新抱着抵触的态度。以对外经济贸易部为例,作为中国对外贸易的主管机构,外经贸部通过贸易计划、许可证、关税和质量管理等一系列活动行使着重要的行政管理职权。随着中国进出口总额的不断增长,要求放松贸易管制的呼声不断增强。1982年、1984年和1988年,中国进行了三次贸易体制改革,对外经贸部的行政控制权和外贸垄断权逐步下降,对外贸易经营权和控制权由集中向分散发展。在贸易权力下放的同时,外经贸部重新定义了其行政控制的职能,尤其是在进口控制方面,采取进口计划、外贸企业许可证、进口商品许可证等措施强化对对外贸易的行政控制。①

80年代,中国的对外开放政策刚刚起步,轻工业和处于开放最前沿的沿海省份,拥有大量的受过教育的劳动力,参与到国际市场竞争中,享受到比较优势所带来的经济收益,成为开放和自由贸易政策的支持力量。主张进口替代的重工业联盟并没有完全丧失在经济决策中的权力,在内陆省份、计划色彩较浓的职能部门中依然存在。

三、90年代的国内社会联盟格局

1982年,以国家经贸委为首五个部委向国务院提交了《关于参加关税和贸易协定的请示》,在国内政府部门和社会共同推动下,1986年中国向关税和贸易总协定递交了复关申请,至此拉开了中国复关/入世的漫长进程。90年代,围绕中国加入世界贸易组织的政策议题,对外经济政策联盟发生了分化和重组(见表4.3)。

---

① Harry Harding, "China's Second Revolution: Reform After Mao", The Brookings Institution, 1987, p.153.

表 4.3　20 世纪 90 年代中国的社会联盟格局

社会联盟	社会行为体	政府部门	政策立场
多边主义	私营企业、纺织工业、地方政府	对外经济贸易部	规则第一；普遍规则；WTO 即是目标本身
经济主权	机电工业、汽车产业、农业、国有企业	国家海关总署、中国人民银行、农业部、财政部、国家经贸委	利益第一；互惠主义；WTO 是实现国家战略目标的工具

（一）"多边主义"联盟

20 世纪 80 年代末期，中国基本放弃建立"完整工业体系"的努力，基于比较优势的出口导向战略取而代之。在战略调整的过程中，决策者认识到国际竞争必须在基于规则的多边经济体系中进行，因此，中国踏上了复关/入世的漫长路程。"多边主义"政策联盟主要是由纺织品制造业、地方政府和中央政府中对外联系密切的部门组成。

1. 制造业

中国越来越清醒地意识到进出口贸易对经济发展的重大意义，1992—2002 年，中国的对外贸易总额翻了将近五倍（见表 4.4），而其中 90% 的贸易是与关贸总协定的成员国进行的，转变中国与关贸总协定的身份，有助于实现国家外贸政策的重大转向：从国内经济的有限补充到贸易收益的最大化。中国是纺织品出口大国，1997 年以前，纺织工业一直是中国出口第一位的大宗产品（1998 年为机械产品），创汇额约占出口创汇总额的 1/4—1/5。目前仍是第一位的净创汇产品，在世界纤维贸易中位居第二（若扣除香港地区的转口贸易额，则名列世界第一）。① 加入世界贸易组织之后，中国的纺织工业可以获得执行《纺织品和服装协议》所获得的收益，如取消纺织品和服装的进口配额限制，短期内出口会有一定的增长。早在 1984 年中国就成为

---

① 赵玉敏：《加入世界贸易组织对我国纺织工业的影响》，http://www.mofcom.gov.cn/aarticle/s/200209/20020900040284.html（访问时间：2015 年 9 月 18 日）。

第三个多种纤维协定的全权成员，这为中国重返关贸总协定创造了条件。

表 4.4　1992—2002 年进出口额

（单位：亿美元）

年份	进出口总额	出口额	进口额
1992	1655.3	849.4	805.9
1997	3251.6	1827.9	1423.7
2002	6207.7	3255.7	2952.0

资料来源：商务部网站。

2. 地方政府

中国的改革开放遵循自下而上的路径，地方政府成为改革开放的试验者和推动者。90 年代继续进行的分权让利改革，将中央对国有经济大部分控制权转换到地方政府身上，赋予地方政府财权和事权，调动了地方政府的积极性，也为地方政府谋取利益提供了合法途径。"放权过程中的最大受惠者，既非中央也非企业，而是以省级政府为代表的地方政府。"① 1994 年进行的分税制改革固化了地方利益，推动地方政府成为经济主体。地方政府通过招商引资、出口加工贸易，走在国际经济合作的最前沿。沿海地区在 80 年代后期所取得的经济成绩，强化了其国际主义倾向，成为进一步开放主义的支持力量。内陆省份的地方政府在羡慕沿海地区吸引外资和出口方面的所取得的显著成功，也加入了改革的大篷车，要求享有更多的外资和世界市场。② 1992 年，国家实施沿边开放战略，国务院发布了一系列文件，陆续批准黑河、绥芬河、珲春、丹东等 14 个城市为沿边开放城市，并给予了一些优惠政策，推动了边境贸易的发展。

---

① 杨帆：《利益集团》，郑州大学出版社 2010 年版，第 67 页。
② ［美］谢淑丽：《国际化与中国的经济改革》，见［美］罗伯特·基欧汉主编：《国际化与国内政治》，姜鹏等译，北京大学出版社 2003 年版，第 200 页。

3. 外经贸部

中央政府各部委中,与海外交往更为密切的部门成为多边主义的支持者。这里需要特别强调的是外经贸部的身份和观念转变。外经贸部通过获得授权的方式在入世谈判中成为贸易自由化的坚定支持者。中国的复关/入世谈判一直是由国务院多部门组成的跨部际小组来承担的。主要的参与者包括国家经贸委、外经贸部、外交部、财政部、中国人民银行、海关总署和农业部等部门,代表团团长一般由外经贸部的副部长来担任。国务院为了解决跨部门合作难的问题,1986年成立了关税和贸易总协定协调领导小组,组长由负责对外贸易的国务委员或副总理担任,1988年协调领导小组更名为国务院关贸总协定部际协调委员会,由当时的国务院副总理田纪云担任主任,副主任由外经贸部部长、外交部长和海关总署署长担任。外经贸部作为对外贸易的主管机构,本应在复关/入世谈判中发挥主导作用,但由于谈判涉及议题领域较多,参与谈判的部门众多,且各部门在行政级别上处于平级,外经贸部也只是发挥协调作用,而不是领导作用。为了加快谈判进程,1993年6月成立了国务院关税和贸易总协定谈判委员会,谈判授权进一步向外经贸部集中。1998年,国务院关贸总协定谈判委员会被撤销,其领导谈判的职权并入外经贸部(1998年更名为对外贸易经济合作部)。至此对外贸易经济合作部通过机构重组的方式实现谈判授权的最大化,在入世谈判中发挥主导性作用,外经贸部原来担心自由贸易可能引发的权力弱化的问题得到了缓解,其政策立场在原来相对保守的基础上向前大大迈进了一步。由于掌握了国际谈判的主导权,处于国际交往的最前沿,外经贸部的政策偏好向国际主义靠拢。

(二)"经济主权"联盟

维护经济主权的社会联盟主张中国应该放慢加入世界贸易组织的进程,以自己的条件加入世界贸易组织,而不是被迫接受西方国家的条件。该联盟认为匆忙加入世界贸易组织只会摧毁中国国内的幼稚产业,影响国家经济的独立性和安全性。"主权主义者"并不是反对对外开放,他们反对的是过度开放和全面开放,农业、金融业、机电等行业成为其代表产业。

1. 农业

农业是中国加入世界贸易组织谈判的难点之一,也是对外开放政策影响预期最悲观的产业之一。① 与我国进行入世谈判的成员中,大多数是农业竞争力较强的农产品出口大国,这些国家一直盯着中国国内的巨大潜在市场,试图通过入世谈判来敲开中国的市场大门。入世谈判中,中方作出了重大承诺,承诺的农产品关税水平只有世界平均关税的1/4。国内一些地区和部门担心农产品市场开放过度,损害了农民的利益。在一些特定产业这种忧虑较为明显。如油料、棉花等土地密集型产品不具有竞争优势,面临较大的挑战。入世之初,农产品的贸易结构也确实印证了这种担忧。如抗虫(Bt)棉,孟山都在入世之初一度占到我国棉花种子市场的70%左右。美国橙子等水果对中国水果市场的冲击也比较明显。由此对入世承诺反对声音主要集中在农业领域。

2. "幼稚产业"

工业体系之中,电子工业、汽车、石化等产业相对来说处于劣势,在入世之后受到的冲击也比较大。原中国世界贸易组织谈判代表团副团长徐秉金谈到中国汽车工业入世的问题时就主张给予汽车工业以保护,他曾经说过:"美国要求我们开放汽车市场,取消所有的非关税措施。我说办不到,我们的汽车工业才刚刚起步,GATT都有规定,要对幼稚工业给予保护期,我们不放开市场,也是符合GATT规定的。"② 入世谈判中体现了对中国汽车工业的保护。如保留5年关税过渡期,保留了中国汽车的进口配额制度,以缓冲开放对汽车工业的压力。

---

① 程国强:《中国农业对外开放:影响、启示与战略选择》,载《中国发展评论》,2012年第2期,第41—54页。

② 徐秉金:《中国汽车的方向盘掌握在外资手里不靠谱》,http://epaper.21cbh.com/html/2012-11/23/node_1.htm(访问时间:2015年12月3日)。

中国的入世谈判一直由政府掌控。正如我们在前面所分析的那样，大部分的政府部门的官员都视自己为入世后的利益受损者，自然参加谈判的动力不大。但是当中国最高决策者接受了入世有助于推动国内改革的理念之后①，入世就不再仅仅是一项经济决策，而变得具有政治意义。同时有关加入世贸组织的决策权力也从政府各部门转移到更高一级的领导手中。1998年国务院撤销了关税和贸易总协定谈判委员会，其职能转移到了对外贸易经济合作部（前对外经济贸易部），提升了对外经济贸易合作部在入世谈判中的地位，一定程度上改变了原来的部际协调困难的现象，有助于加快入世的步伐。

"多边主义"和"主权主义"政策联盟在对外经济政策中存在着某种交汇。首先，两者都承认全球化和世界贸易组织是中国实现国家战略利益不可或缺的工具之一，中国的对外经济政策的制定离不开经济全球化这个背景。但是在如何融入全球化的问题上存在分歧；其次，从市场规范和政策立法的角度来说，双方都承认中国相关的制度和立法严重不足，即使是主张保护幼稚产业的经济主权主义者也认可遵循国际规则的必要性，要求国内立法进程的快速跟进。

造成"多边主义"和"经济主权"联盟政策差异的主要原因在于双方看待GATT/WTO的立场不同。前者强调借助普遍规则来平衡利益的重要性，后者则强调利益的互惠。前者认为中国加入世界贸易组织主要基于对国际规范的认同，后者则强调对国际规范的"工具性遵守"。作为中国入世谈判的首席代表，龙永图的观点代表了"多边主义"的政策立场："在加入世贸组织谈判结束时，我曾经提出世贸精神归纳起来有两条：规则和开放。入世之后，我们首先需要承担的责任和义务就是遵守规则，其次才是开放市场的要求。"② 而"经济

---

① 李鹏最早作出入世"利大于弊"的政治判断，江泽民对入世的基本看法是"趋利避害"。参见《龙永图回忆朱镕基总理决断中美入世谈判内幕》，载《21世纪经济报道》，2011年11月21日，http://www.21cbh.com（访问时间：2015年12月3日）。

② 龙永图：《弘扬世贸精神推动和谐发展》，http://world.people.com.cn/（访问时间：2015年5月20日）。

主权"的捍卫者更多是从开放市场的角度来看待加入世界贸易组织的利弊的。

四、21世纪初期的国内社会联盟格局

20世纪90年代早期以来,以自由贸易协定为特征的区域主义成为贸易自由化的主要途径。特别是东亚国家在区域贸易协定中后来居上,成为新一轮区域主义的活跃力量。根据亚洲开发银行(Asian Development Bank)的数字,截止到2016年3月,亚洲国家参与的区域自由贸易协定已经达到220个,其中已经签署并生效的有140个。① 东盟最早启动了亚洲区域一体化的进程,并成为推动该地区经济一体化的主导力量,中国—东盟自由贸易区(2010年建成)、印度—东盟区域贸易投资区(2011年建成)、日本—东盟自由贸易区(2012年建成)、韩国—东盟自由贸易区(2009年建成),亚洲形成了以东盟为核心的区域经济合作网络,有的学者把这种区域合作模式称之为"中心辐射模式"②。除此以外,亚洲各国的双边自由贸易协定不断涌现,据亚洲开发银行的统计,截至2015年,亚洲共建立了71项双边贸易协定,而2000年只有12项。③ 中国已经签署的自由贸易协定有14项,涉及22个国家和地区,而在2010年只有1项。④ 中国如此密集地与众多国家和地区签署了FTA,其发展速度远远超过了其他国家,并由此形成了一个

---

① 数据来源:亚洲开发银行亚洲区域一体化,自由贸易协定数据库,https://aric.adb.org/fta(访问时间:2016年3月23日)。

② Razeen Sally, "Free Trade Agreements and the Prospects for Regional Integration in East Asia", *Asian Economic Policy Review*, 2006, p.1.

③ 亚洲开发银行自由贸易协定数据库,https://aric.adb.org/fta(访问时间:2016年3月23日)。

④ 中国自由贸易区服务网,http://fta.mofcom.gov.cn/index.shtml(访问时间:2016年3月23日)。

"中国—中心化"的区域贸易安排网络。① 伴随着区域贸易协定的兴起,中国的多边主义联盟内部进行了分化,形成了地区多边主义和全球多边主义两股力量。

(一) 地区多边主义

2007 年党的十七大召开,第一次明确提出自由贸易区战略,成为入世之后中国开放战略的新思路。自由贸易区战略成为国家之间展开竞争和合作的主要方式,特别是 WTO 主持下的多边贸易谈判进展缓慢,区域贸易协定成为国家之间经贸合作的首要选择。

1. 地方政府

与中国加入世界贸易组织不同,自由贸易区战略的推动力量主要来自地方政府,特别是一些沿边和沿海省份的地方政府。如广西、云南、重庆和四川等西南省份在中国—东盟自由贸易区建设中起到的推动作用。2007 年,国家提出自由贸易区战略,上述各个省份充分发挥区位优势,不断扩大对外合作,有力推动了本省经济发展。长期以来,东盟一直是重庆、四川、云南和广西各省份的第一大贸易伙伴,上述各省与东盟的贸易额分别占到本省贸易总额的 50%左右。随着中国—东盟自由贸易区的建成,上述省份与东盟的贸易额逐年攀升,以广西为例,广西对东盟的进出口总额从 2004 年的 10 亿美元,增长到 2014 年 159.15 亿美元,明显高于同期我国与东盟贸易增长水平。② 2015 年是"一带一路"战略的实施年,自由贸易区也将迈向深入发展。地方政府都希望搭上新一轮开放的快车,纷纷申报地方自由贸易区。如山东青岛围绕中韩 FTA 提出建立青岛自贸区,新疆则提出成立"中国—中亚自贸区"的口号。但并非所有的地方政府都积极支持自由贸易区战略。中—澳自由

---

① Shigehisa Kasahara,"The Flying Geese Paradigm: A Critical Study of its Application to East Asian Development ",Discussion paper of United Nations Conference on Trade and Development,April 2004,pp.28-29.

② 中华人民共和国南宁海关,http://nanning.customs.gov.cn/publish/portal150/(访问时间:2015 年 6 月 9 日)。

贸易协定生效之后，澳大利亚的羊毛制品、奶制品和乳制品具有较强的国际竞争力，将给中国部分农产品带来一定的竞争压力，对内蒙古、新疆、青海、河南等省份的畜牧业产生冲击。但是，产业或部门寻求影响政策的渠道主要是借助国家部委而非地方政府。地方政府基于GDP和就业等因素考虑，更倾向于自由贸易和对外开放。

2. 制造业

相对于其他产业，中国在制造业上具有一定的优势，制造业部门在出口市场上具有显示性比较优势，中国和其他国家谈判和签署的自贸协定能增加双方的制造业贸易额。以中韩FTA为例，FTA的签署能增加中韩制造业贸易额的50%以上，韩国增加5.7%，中国增加0.55%。虽然中国制造业就业增加的百分比明显小于韩国，但是由于中国制造业就业人数基数明显高于韩国，中国制造业就业增加的绝对数量将高于韩国。但中国制造业的竞争优势集中在电视机、洗衣机、电冰箱、空调、摩托车等技术含量不高的产品。FTA的关税减让会对国内制造业的劣势产业造成冲击，使其被迫作出产业调整和产业转移，无形中会增加企业的产业调整成本，进而遭到劣势产业的反对。中国的关税税率某种程度上反映了国内产业面临自由化的敏感程度。中国的高关税制造业产品主要分布在烟草制造业（41.0%）、食品和饮料（17.0%）、服装和毛皮（16.2%）、皮革和鞋类（14.7%）、机动车、拖车和半拖车（14.3%）、医疗和光学设备（25%）、化工产品（50%），而其他主要进口产品的关税水平并不高，如基本金属为5%，电气机械设备为9.4%。但是，在其他一些制造业部门中，某些种类产品的关税水平仍然较高，而这些高关税产品将是比较敏感的。从事高端产品生产的企业，会随着FTA协定的增多，面临更大的压力，如石化、汽车、机械和电子、钢铁、造船等敏感产业部门。因此，FTA会受到国内劣势产业的强烈反对，它们或是阻止政府与其他国家缔结FTA，或是要求政府给予优厚的补贴，使政府在决策时左右为难，从而可能错失经济结构调整的最好时机。

3. 国有企业

中国的国有企业已经发展成为市场经济条件下独立的市场经济主体，利润最大化是其追逐的主要经济目标。随着国家"走出去"战略的实施，国有企业对外经济联系普遍增强，特别是三大国有石油企业在中国经济外交、能源外交、对外援助等问题领域的影响力尤为显著。国家为了鼓励国有企业"走出去"，经常为其提供外交、财政、金融等多种杠杆的支持，这无形中强化了国有企业的垄断地位，而垄断决定了即使处于竞争劣势，也能获得高额利润。米尔纳的研究证明：国际化导向的企业在贸易立场上支持自由主义[1]，但如果政府已经有战略贸易政策，对于企业来说，通过既定的政策和制度渠道就可以实现自己的偏好，无须耗费成本推行自由贸易的政策。特别是在银行、电信、交通、民航等服务行业，自由贸易化动力不足。加之，中国政府缺乏服务投资谈判的经验，往往会要求把服务业排除在 FTA 谈判之外。国内消费者和从事服务行业的中小企业，在政策偏好上倾向于自由贸易，但它们都没有机会在政治上组织起来反对生产商和国有部门中的垄断企业与之竞争的偏好。[2]

4. 行业协会

社会行为体中，行业协会具有显著的组织优势和经济优势，容易在政策制定中获得影响力。一般而言，行业协会肩负着利益代表和社会服务两大职能。作为市场交易主体——企业的利益代表，行业协会首先应该发挥行业利益代言人的角色，在贸易协定谈判中向政府传达企业的态度和需求，为政府在协议的内容安排、程度把握等领域提供实证信息，使政府充分了解各行业的具体情况，为谈判实现自由贸易和产业保护相结合奠定基础；其次，在贸易协定签署之后，行业协会肩负着引导企业

---

[1] Helen V. Milner, *Resisting Protectionism: Global Industries and the Politics of International Trade*, Princeton: Princeton University Press, 1988, p.245.

[2] [美] 马克·弗雷泽：《中国国内政策的分裂和全球政治中的"宏大"战略》，载《战略与管理》，2010 年第 4 期，http://www.cssm.gov.cn/（访问时间：2015 年 5 月 25 日）。

配合国家贸易发展战略，扶助企业抓住机遇、规避贸易风险的重任。具体到自由贸易协定的谈判，行业协会所起的利益代表功能有限，更多是引导企业利用贸易协定创造机会扩大出口和参与国际经济合作。通过对企业利用 FTA 的情况进行调查研究，结果显示：中国企业对 FTA 的利用率很低，主要原因是缺乏 FTA 的相关信息。[①] 由此可以看出，行业协会和商会提供的 FTA 相关服务有待进一步完善。中国的行业协会和商会多由国家出面组建，带有强烈的官办色彩，在领导人遴选、政策支持等方面高度依赖政府，并没有发展为市场经济条件下独立的社会利益行为体，产业领域对自由贸易协定发挥影响主要借助于政府部门——国务院各部委。

5. 中央政府

国务院各部委通过参与自由贸易协定的谈判对自由贸易区战略施加影响。中国参与 FTA 谈判代表团成员往往来自国务院多个部门机构。例如，中国—瑞士自贸区的谈判代表团成员来自国务院的 14 个部委，商务部、外交部、信息产业部、财政部、海关总署、国家质检总局、银监会和发改委等部门均派代表参与了历次谈判。商务部一般对经济改革和自由贸易持开放态度，加之区域贸易协定可以促进出口，而出口成绩被视为商务部的主要业绩之一。入世谈判中，对外经济贸易部（商务部前身）被赋予相对独立的国际贸易谈判主导权，而在区域贸易协定谈判中，商务部只能发挥协商作用，且商务部内部贸易、投资和产业政策分属于不同的部门，一定程度上弱化了政策的有效性。国家发改委主要负责国内产业政策的制定，它具有略高于其他部门的政治权力，但发改委在国际经济合作中一般倾向于保守的态度。农业部在自由贸易区谈判中，特别强调农业资源优势及竞争力方面与签约国之间的差距。2006 年中国农业部副部长范小建在谈到中澳自贸区建立时，指出："中国农业人均资源相对稀缺，土地密集型大宗农产品国际竞争力弱，短期内中

[①] 张蕴岭、沈铭辉、刘德伟：《FTA 对商业活动的影响——基于对中国企业的问卷调查》，载《当代亚太》，2010 年第 1 期，第 26 页。

国农业竞争力不强的格局难以改变。中澳两国贸易自由化可能对中国国内产业，尤其是农业产生较大甚至严重影响。① 外交部在自由贸易协定的谈判中更多关注的是外交利益和政治利益，中国—东盟自由贸易协定中的"早期收获"计划就是在外交部的主导下达成协议的，面对来自地方政府和农业部关于"早期收获"计划会降低广西、云南、海南的农民收入时，外交部回应道："我们应该看到该计划给整个国家所带来的潜在收益和长远利益。"②

（二）全球多边主义

在全球层面，中国参与多边主义机制呈现出新的特征：积极参与全球经济治理，谋求在国际经济体系中的话语权。2008 年金融危机之后，G20 取代 G8 成为"全球经济合作论坛"，中国在内的新兴大国抓住这次全球金融秩序变革的机会，借助 G20 在全球经济治理中扮演着更为重要的角色。尽管国内对中国参与 G20 存在不同声音，但这毕竟是中国第一次在重大的国际性金融机制中扮演如此重要的角色。2013 年 10 月，中国倡议筹建亚洲基础设施投资银行（以下简称"亚投行"），2015 年 12 月，人民币成为国际货币基金组织特别提款权（SDR）货币篮中的第三大货币，仅次于美元和欧元的权重。此举尽管象征意义大于实质意义，但仍然是"中国经济改革及其融入全球金融体系进程中的里程碑"③。借助亚投行、金砖国家银行，中国试图谋求国际金融领域的话语权。

1. 中国人民银行

各国财政部或中央央行承担着主要的国际金融治理和国内政策协调

---

① 王晴：《中澳农产品市场准入需长时间谈判》，载《第一财经日报》，2006 年 9 月 29 日。

② Yang Jiang,"China's Free Trade Agreements: Domestic Constraints and International Learning", http://www.waseda-giari.jp/sysimg/imgs/200808si_15_yang_paper.pdf（访问时间：2015 年 12 月 4 日）。

③ 国际货币基金组织（IMF）官方网站，http://www.imf.org/external/Chinese/pubs/ft/survey/so/2015/NEW120115AC.htm（访问时间：2015 年 12 月 4 日）。

的功能。中国人民银行是中华人民共和国的中央银行，主要职能是制定和执行货币政策，维护金融稳定。随着中国与世界经济联系的密切程度加深，以及中国庞大的外汇储备，都使中国人民银行在对外经济决策中处于独特和有力的地位。2009年国际金融危机之后，中国人民银行行长周小川连续三次发文《关于改革国际货币体系的思考》，呼吁在特别提款权的基础上创造一种超主权储备货币[1]，显示了央行对美元作为国际储备货币霸主地位的不满，试图在重构全球货币体系的大讨论中寻求影响力。央行的货币和金融政策受到国务院其他部位的竞争和挑战。以汇率政策为例，商务部从出口业绩的角度考虑，反对人民币升值，商务部部长陈德铭在接受路透社采访时明确表示："中国出口还需要2到3年时间才能完全恢复到危机前的水平。汇率政策的任何变化，都将只是'渐进和可控的'"。[2] 全国政协委员、商务部原副部长魏建国在全国政协会议的发言中建议政府继续加大对外向型经济发展的支持力度，保持政策的稳定性和连续性。而央行从宏观政策调控的角度来说，希望贸易顺差缩小，减少外汇储备，实行汇率市场化。除此以外，央行独立地位的落实，很大程度取决于中央政府和中央财政的自我约束。《中国人民银行法》规定："中国人民银行不得对政府财政透支。不得直接认购、包销国债和其他政府债券。"[3] 实际上由于财政连年赤字，这些赤字又主要靠向银行透支和借款解决，导致央行的独立经济地位受到影响。在中国由贸易大国向金融大国转变的过程中，央行所起的作用直接取决它的独立地位。

为了推动人民币纳入SDR，央行推行了一系列改革，以达到IMF关于"人民币可自由使用"的标准。这有助于实现资本项目的开放以及

---

[1] 中央政府门户网站，http://www.gov.cn/gzdt/2009-03/23/content_1266412.htm(访问时间：2015年12月5日)。

[2] 吴丽华、徐芸茜：《人民币升值预期加强央行商务部微妙分歧》，见和讯新闻网，http://news.hexun.com/2010-03-13/122968222.html(访问时间：2016年1月11日)。

[3] 中国人民银行网站，http://www.pbc.gov.cn/publish/tiaofasi/272/1384/13845/13845_.html(访问时间：2015年5月20日)。

利率、汇率的完全市场化,进一步推进中国金融体系的改革和开放。金融服务业有望在这场人民币国际化进程中受益,可以扩展海外业务,央行及其他国内商业银行有可能会积极推动人民币国家化和资本项目开放。但金融部门也面临着开放带来的国际竞争,人民币国际化有可能使人民银行对货币信贷管理更为复杂化,影响国内金融系统的稳定性。国内商业银行面临着诸如市场竞争加剧、资金成本上升等不利因素,人民币国际化的态度微妙。

2. 制造业和资源型国有企业

国内制造业在人民币国际化进程中可能受到较大的影响和冲击。人民币国际化会推动对人民币资产需求的增长和人民币进一步升值,国内出口商和制造业部门有可能面临利益受损。国内制造业部门,特别是那些面临信贷额度限制的私营企业和中小企业波及较深。虽然从长期的角度看,人民币升值可能会迫使企业部门进行调整、向产业链更高端转移,但这个过程可能仍会使经济遭受阵痛。①

2008年金融危机之后,依托海外市场扩张和国际资本流入的发展模式难以为继。国内经济转型尤为迫切。通过"一带一路"帮助中国企业走出去,缓解国内产能过剩,调整产业结构提供了有效途径。中国的海外直接投资具有资源主导型的特点,即中国的海外直接投资服务于国家追求能源安全的战略目标。无论是与发达国家相比还是发展中国家相比,中国海外直接投资中第一产业所占的比例都是较高的。2002年到2008年,中国海外直接投资流向第一产业的比重在18%—20%左右,2010年出现了下降,第一产业占比为9.1%,但随后2011—2013年又回升到平均占比20.6%。同期发达国家和发展中国家的比重仅为7.8%和8.3%。② 第一产业在海外直接投资流量中比重较大,主要归功于采

---

① 王涛、胡志鹏等:《人民币国际化进展之路:进展、规划及影响》,载《金融发展评论》,2013年第11期,第38页。

② Yiping Huang, Bijun Wang, "Chinese Outward Direct Investment: Is There a China Model?", *China & World Economy*, Vol.19, No.4, 2011, pp.6-8.

矿业的高速发展，以石油、天然气、有色金属、煤炭开采业为主的采矿业占到第一产业海外直接投资中将近97%的比重。资源型国有企业在海外投资中表现积极。

地区多边主义和全球多边主义联盟分化的全球大背景是全球多边贸易体系和地区主义的此消彼长。在多哈回合谈判陷入僵局之后，主要经济大国全部转向区域贸易协定，中国也不例外。无论是区域贸易协定，还是海外直接投资，中国主要谋求的是国际贸易和金融规则的话语权，而非仅仅是参与者的角色。与之相对应，从国内政治来说，社会行为体和政治行为体的冲突构成对外经济政策的常态。基于偏好的显著差异，社会行为体主要追求经济利益的最大化，政治行为体则强调安全和政治利益的最大化，政府的政策试图在两者之间直接寻求平衡。

本章小结

社会联盟理论兴起于20世纪70年代，体现了当时对外经济经济政策研究"内外互动"的趋势：集中于国际经济因素如何影响国内社会行为体的政策偏好和政治联盟的形成，由此构建了对外经济政策研究的政治—社会学框架。该框架主要强调国内社会中私人行为体对国家政策的影响。鉴于中国国家与社会的高度"融合"，本章中的社会行为体也包含了政府这一重要的利益行为体。对外经济政策具有"分配政治"的效应，国际经济因素的变化会引起国内社会行为体的利益变化，相似利益的行为体会联合起来改变政策，使之朝着有利于自身的方向转变。利益变化，联盟瓦解。中国开放的30多年，也是各个社会联盟围绕政策议题联合分化的历史。

1978年开始，中国对外经济战略逐步调整，从进口替代转向出口导向，从多边主义转向区域主义。每一次的战略调整都可以看到各种社会力量的竞争和分化，围绕各种政策性议题的社会联盟应运而生。80年代，社会联盟的分化主要体现在出口导向政策的拥护者和进口替代战略的支持者之间，以轻工业、农业和沿海省份为首的自由贸易联盟在这

第四章 社会联盟：对外经济政策的国内支持

次政策辩论中占据了上风，由此形成了出口贸易主导中国对外政策数十年的局面。90年代的重大经济政策主要绕复关/入世展开，形成了"多边主义"联盟和"经济主权"联盟。与80年代的社会分化有所不同，多边主义和经济主权的捍卫者之间，在融入世界的方向性问题上并没有分歧，他们只是在开放的速度和领域有不同的看法。进入21世纪，中国在地区多边主义领域日渐活跃，主动发起和参与了多起区域贸易协定的谈判，成为新一轮区域主义的积极支持者。与此同时，中国逐步重塑在全球贸易和货币体系的新角色，亚投行的筹建、"一带一路"的提出都可以看作是这种努力。

不同政策偏好组成的社会联盟是塑造政府对外经济政策的重要依据，但并不是唯一的依据。各个行为体所处的国内制度在其中也扮演了重要的角色，"制度规定了社会力量在其内相互作用的规则和舞台。在不同的程度上，制度还设定条款和提供斗争所用的资源"[①]。因此，只有回到制度的框架内，才能理解政策偏好如何转化为政策结果。

---

① John Ikenberry, "Conclusion: An Institutional Approach to American Foreign Policy", *International Organization*, Vol.42, Winter 1988, p.226.

第五章　国内制度：对外经济政策的框架

"为了理解政策选择，我们必须理解产生政策的政治。"①，社会行为体和政治行为体的政策选择都是发生在特定的国内政治制度之中，"政治制度界定了政治发生、发展的框架"②。只有将观念和利益对政策的影响置于特定的制度背景下考查，才能理解中国对外经济政策的历史变迁。

强调制度在政治、经济生活中的重要地位并非是一种完全创新的学术研究路径。"新制度主义"学派可谓是制度主义研究的集大成者，尽管内部派别纷呈，但却无一例外地强调以下几个因素：第一，制度的最主要特征是"一个社会和政体的结构性特征"③。这个结构性特征既包括正式的制度框架，如立法机关、官僚部门之间的关系，也包括非正式的原则、法规、规范、惯例等。第二，制度具有一定程度的稳定性。政治制度根植于一国的历史传统和政治文化之中，在一个较长的时期内不会发生变化。但是，制度的稳定是相对的，制度变迁才是题中之义，即

---

① [美] 彼得·古勒维奇：《艰难时世下的政治：五国应对世界经济危机的政策比较》，袁明旭等译，吉林出版集团有限责任公司2009年版，第6页。
② [美] 詹姆斯·G.马奇、约翰·P.奥尔森：《重新发现制度：政治的组织基础》，张伟译，生活·读书·新知三联书店2011年版，第18页。
③ [美] 彼得·霍尔：《驾驭经济：英国与法国国家干预的政治学》，刘骥等译，江苏人民出版社2008年版，第22页。

使是强调"路径依赖"的历史制度主义,也不完全否认制度变迁的可能。① 只有不断针对外在环境进行适应和调整,制度才能够得以自我保持。第三,制度主要是通过改变个体行为来发生作用。制度影响个体既可以通过"适当性逻辑"规范个体行为,也可以通过塑造个体偏好和提供激励的方式加以影响,前者强调制度对个体价值观念的塑造,后者则侧重于制度对个体利益偏好的改变。个体和制度的影响是相互的,个体也可以通过有意识的行为对制度加以重新塑造。②

中国的宏观和中观制度具有集中和分散的双重特征。集中体现在执政党和中央政府在对外经济决策中处于核心地位,全国人民代表大会作为民意机构和立法机关,对外交政策的参与和监督有限;地方政府在中央政府的授权之下拥有参与对外经济活动的自主权,但这种自主权缺少法理依据和制度保障。分散是指在中央核心决策层面,并没有形成独立、自主、连续的对外经济决策机制,对外经济决策从属于国家安全和国内政治的需求。除此以外,中央行政机构中部门利益的存在也制约了统一、有效的"国家政策"的形成。微观制度主要是指参与对外经济决策的部门间关系以及与决策程序相关的规则和模式。对于任何一个具体的政策领域而言,专业分工和职能设计是必不可少的,对外经济政策的制定和执行必须通过具体的机构和部门加以完成。中国对外经济决策权在行政机关内部由商务部、外交部、财政部、国家发改委等部门共享。对外经济政策的决策模式可以概括为跨部门协调机制和寻求共识的决策特点。

一、国内制度及其分层

制度是国内政治的突出特征。道格拉斯·诺斯(Douglass C.North)将制度界定为"一个社会中博弈的规则,或用更为正式的说法就是人为

---

① [美]B.盖伊·彼得斯:《政治科学中的制度理论:"新制度主义"》,王向民等译,上海人民出版社2011年版,第69页。

② 上述有关制度特征的概述,参考[美]B.盖伊·彼得斯:《政治科学中的制度理论:"新制度主义"》,王向民等译,上海人民出版社2011年版。

设计来框定人类互动的制约"①。国内政治生活的发展和变革都是发生在政治制度之内,包括政策的制定、选择和执行。政治制度可以被看作是一个环境框架,政治生活在其中发生、发展、变革和完善。② 政治制度可以有多重意义指向,既可以指具体的、有形的组织结构,也可以指无形的规范、原则和惯例。组织结构是制度的基础,规范则是制度的软性约束。本章所指的制度框架,既包括正式的组织结构,即参与和影响对外经济政策的具体组织、部门、机构,及其权力和职能,也包括个体和机构之间、部门和部门之间互动的规则和惯例。这些规则和惯例有的已经上升为正式的法律和法规,有的可能只是一些约定俗成的惯例和做法,但是,不管是正式的制度还是非正式的制度,都会从个体和环境的角度来界定行为,约束成员的选择。

(一) 国内制度为什么重要

国家居于国内政治和国际体系之中,正如道格拉斯·诺斯所言:"国家在国内社会和外部世界之间扮演着某种看门人的角色。"③ 一方面,国家处在世界政治经济体系的互动之中,国际力量通过各种途径对国家的政策选择产生影响;另一方面,国家又是在国内社会之中行使权力,各种特殊利益和私人利益渗透到公共政策的制定和选择过程中。国内制度正是承担着国际体系和国内社会之间连接器的功能,分析国内制度在对外经济决策中的作用,有助于厘清国家对外经济政策的国内政治因素,实现国际经济和国内政治的有效互动。

1. 国内制度设定了政治生活的基本框架

政治制度是一组规则,这些规则约定了国家政治生活的基本原则和程序。首先,表现在国家和社会的关系,是"弱国家、强社会"还是

---

① [美] 道格拉斯·诺斯:《理解经济变迁过程》,钟正华等译,中国人民大学出版社2008年版,第105页。

② [美] 詹姆斯·G.马奇、约翰·P.奥尔森:《重新发现制度:政治的组织基础》,张伟译,生活·读书·新知三联书店2011年版,第17页。

③ [美] 道格拉斯·诺斯:《理解经济变迁过程》,钟正华等译,中国人民大学出版社2008年版,第21—26页。

"强国家、弱社会"的制度结构；其次，体现在那些决定政策选择的具体制度上面，哪些行为体在政策制定过程中掌握权力，以及权力大小。

(1) 国家和社会关系

政治制度的界定性特征是国家与社会相比所拥有的权力。[①] 每个国家都有一种已经被制度化了的关系，这种关系主要存在于社会组织和政府组织之间。国家能力是衡量国家—社会关系的一个重要指标，当国家拥有嵌入式自主性（嵌入社会但却拥有较高的自主能力）时，国家能力就会增强；反之，当国家和社会处于隔绝状态，或者不能从社会中有效汲取资源时，国家力量就会减弱。具体来说，国家能力的内涵通过三个维度加以考察：[②] 首先是"渗透"力量，即国家进入社会并与社会良性互动的能力。"渗透"的对立面是隔绝，即国家和社会的完全隔离，这时候国家汲取社会资源完全依赖于强制的手段，国家和社会处于紧张和冲突状态。国家能力的第二个维度是汲取力量，主要是指一个国家从社会中提取资源的能力。"强国家"是指国家具备能够调动所需的能源、人才等资源，并把它们调配到有需要的地方的能力。国家能力的第三个维度是协商能力。持久、稳定的汲取能力还包括与社会组织"协商"的涵义。强国家通过确立与国内社会组织的合作战略来确保政策的有效实施。根据上述标准，世界上的大多数国家的国家能力介于"强国家"和"弱国家"之间。"强国家、弱社会"是指国家拥有较高的自主性，能够相对隔离于利益集团的影响，自主地决定公共政策，政府在连接国家—社会关系中发挥着重要的作用。但"强国家"并不代表着国家和社会的对抗，现代民主国家倾向于与其他社会组织分享公共政策的决策权，而非完全取而代之。"弱国家、强社会"是指国家利益完全或主要被特殊利益取代，利益集团、政党、企业在公共政策中发挥决定性的作用，政治决策更多反映社会中强势集团的利益，而非全体国民的普

[①] [美] 彼得·J.卡岑斯坦：《权力和财富之间》，陈刚译，吉林出版集团有限责任公司2009年版，第72页。

[②] 此处参考了建制性权力的内涵。参见 [澳] 琳达·维斯、约翰·M.霍布森：《国家与经济发展：一个社会及历史的分析》，黄兆辉等译，吉林人民出版社2009年版，第8页。

遍利益，这时候国家完全演变成为利益集团斗争的"跑马场"，丧失了公共政策的自主权。

(2) 政策选择的制度

制度不仅框定了政治生活的游戏规则，而且在很大程度上决定了政治过程。国内制度结构不仅决定了在某一个特定政策领域内，国家和社会的相对力量。同时，国内制度规定了各个政治力量之间发挥作用的力度。各种政治力量并不拥有同等程度的政治影响力，某些行为体在塑造和影响政策方面具有优势，而另外一些政治行为体则在接近国家权力、影响政策方面处于劣势。政治制度规定了政治行为体在政策制定和选择过程中的地位和权限，进而决定哪些行为体可以参与制定和影响政策。如果说国家—社会关系是最为基本的制度层面，那么与政策选择相关的制度则具有微观和具体的特征。与政策选择相关的国内制度主要是指政治权力在行政—立法机关之间的分配。政治制度框定政治过程，国内偏好通过制度汇聚和表达。相关制度安排有利于特定的行为体，政策选择也会反映它们的偏好。当政治权力集中于行政部门时，对外经济政策更多反映了行政部门的偏好，当政治权力向立法部门倾斜时，对外经济政策则主要反映了立法部门的政策偏好。对外经济政策的选择体现了不同行为体对政治权力的角逐和控制。

2. 国内制度决定了社会联盟的活动方式

制度"规定了社会力量在其内相互作用的规则和平台，在不同程度上，制度设定条款和提供竞争所需的资源"[①]。社会行为体通过各种途径力图对经济政策产生影响，结成联盟常常是最为有效的方法。对社会行为体及其政策联盟的分析也必须置于国内制度的框架之中。制度，特别是与政策制定和选择相关的政治制度，规定了社会行为体所要遵循的活动规则和程序，社会行为体及其政策联盟的活动必须在现有的政治制度约束下进行。并且，政治制度并非是完全"中立"的，"制度为支持

[①] John Ikenberry, "Conclusion: An Institutional Approach to American Foreign Policy", *International Organization*, Vol.42, Winter 1988, p.226.

特定行为体进行了有偏向的动员"①。政治制度总是有选择性的支持某一社会联盟,而其他政策联盟则在现有制度框架内并不占有优势地位。对外经济政策反映了那些在政治制度中占有主导地位的社会联盟的偏好。

同时,制度的设计又是"公平"的,各种社会力量都可以借助这个平台来实现政治和经济利益。政治制度一经产生就具有强大的稳定性和约束力,一方面,为社会力量之间的竞争和冲突提供一个合法的制度框架,尽可能降低不同联盟因为利益纷争可能带来的政治冲突,通过形成参与者的政策偏好,政治制度简化了多元社会的复杂性。另一方面,制度一经产生,便具有强大的惯性,在新的制度均衡形成之前,这种制度约束会一直存在,避免了政策变迁可能引发的社会冲突。肯尼斯·阿罗(Kenneth J.Arrow)的福利经济学表明,不可能产生一种社会福利函数来保证一项政策,去依次满足社会所有成员的偏好。② 制度的作用就是提供一套大家一致认可的规则,将偏好导入决策中。政策的参与者在加入制度的一开始就认识到政策可能带来的结果:什么是他将要得到的,什么又是他即将失去的。而且通过制度的设计,前一轮政策实施过程中利益的受损者可以在下一轮政策博弈中得到补偿,这样,制度就提供了一种政策选择和政策变迁的稳定方式,避免了激烈的社会变革。

3. 国内制度直接塑造个体行为

制度主义者普遍认同制度会通过某种机制对个体行为产生影响。③ 不管是国际机制中的成员国政府,还是国内制度中的社会和政治行为体,均受到制度所界定的一系列规范和规则的约束,只不过在不同的制度主义者看来,制度塑造成员行为的具体机制不同。规范制度主义认为

---

① [美]海伦·米尔纳:《利益、制度与信息:国内政治与国际关系》,曲博译,上海人民出版社2010年版,第16页。
② [美]肯尼斯·J.阿罗:《社会选择与个人价值》,丁建峰译,上海人民出版社2010年版,第117—121页。
③ [美]B.盖伊·彼得斯:《政治科学中的制度理论:"新制度主义"》,王向民等译,上海人民出版社2011年版,第18页。

制度主要通过"恰适性逻辑"来整合制度成员。"制度是相互关联的规则和惯例的集合体，它们从个体角色和周围环境的关系角度界定适当的行动。"① 制度作为价值系统，传达了一套内部成员的如何行动的期望。制度提供规范，设计哪些行为是适合的，哪些行为是不适合的，引导成员主动选择那些与制度规范相近的行为。在规范制度主义看来，行为体的政策选择更多反映了他们所属的组织的价值，而不仅仅是追求个人利益的最大化。行为体的行为被其制度成员的身份所塑造，也因其制度成员身份而改变。与规范制度主义者不同，理性选择理论认为制度主要通过影响成员的偏好来塑造其行为。前者认为制度中的个体对制度的服从主要是基于道德和规范的角度，后者则认为个体对制度的遵从主要是基于成本计算。理性选择制度主义把制度界定为规则的集合，组织和制度中的成员同意遵守那些规则，以此交换他们作为制度成员可以获取的利益。在理性选择制度主义看来，个体主要依据个人效用最大化的原则而行动，他们相信那些制约自身的规则同样也会制约他们的竞争对手，尽管最终的政策结果并不符合利益最大化的原则，但却是个体理性选择的结果。

政策总是由具体的个人作出的，政治家和领导者在政策选择中发挥着不可替代的作用。借助于国内制度结构，个体政策选择行为被纳入到可预测的轨道之内。制度结构在个体行为和政策结果之间发挥着纽带作用，对国内制度的进一步分解，有助于厘清制度在对外经济政策选择中的具体作用。

（二）国内制度的分层

学术界对于制度的界定过于宽泛，很难找到一个统一、有效的定义。过于宽泛的概念虽然有极高的概括性，但却失去了一个概念所应该具有的清晰内涵，在应用到具体的政策领域时存在问题。所谓的制度是指那些与政策制定和选择密切相关的政治制度，具体包括一国内部为政

---

① ［美］詹姆斯·G.马奇、约翰·P.奥尔森：《重新发现制度：政治的组织基础》，张伟译，生活·读书·新知三联书店 2011 年版，第 118 页。

府干预经济划定边界的"规范性秩序"、影响决策制定权力分配的"国家结构"和影响接近政策制定渠道的"政府机构的特定性质"三个层面。[①] 在每一个制度层面中，面临着不同的环境约束，组成共同体的相关个体不尽相同，调节行为的规则规范体系不同。对国内制度进行多层次分析，不仅有助于理解对外经济决策的多层次约束，而且可以建构一个有机联系的整体分析框架。

1. 宏观制度

宏观制度主要是指国家—社会关系，它是一国政治制度中最为基本的制度框架，决定了该国其他层面的制度体系。在对外经济政策领域，国家—社会关系中最为重要的就是政府和企业间关系。政府代表国家追求公共利益，掌握宏观经济政策的制定权。企业是一国经济活动中最为重要的社会行为体之一。政府和企业的关系成为衡量国家之间经济体系差异的重要标准。根据政企关系的不同，国家间的经济体制可以分为国家导向型和市场导向型两大类。以市场为导向的国家经济体制中，企业（主要指私人企业）在经济生活中发挥着重要作用，政府主要为企业经营创造一个中立的环境，不直接参与到企业的经济活动中去。美国、英国和其他盎格鲁—撒克逊国家基本属于此种模式。以国家为导向的经济体制中，国家在经济生活中发挥着核心作用，政府通过产业政策等手段扶持重点企业，保护幼稚产业免受外国的竞争，最终提高企业在国际市场中的竞争力。在国家为导向的经济体制中，私人企业在经济活动中也承担着重要角色，但私人企业的经济活动应主要在政府的领导下进行，除此以外，私人企业被赋予公共组织的职能，承担着许多社会福利性质的"公共"责任，公司在制定企业基本目标时，不仅仅要考虑投资者或股东的利益，同时致力于追求社会福利的最大化。[②] 这在日本等发展

[①] John Ikenberry, "Conclusion: An Institutional Approach to American Foreign Policy", *International Organization*, Vol.42, Winter 1988, p.228.

[②] ［美］罗伯特·吉尔平：《全球政治经济学：解读国际经济秩序》，杨宇光等译，上海人民出版社 2006 年版，第 141—144 页。

型国家中最为明显。德国等欧洲大陆国家的国家—企业关系在市场自由度方面与美国经济体系类似，在公司治理体系和产业结构方面又和日本存在着高度的类似，国家在经济生活中的作用介于美国和日本之间。

中国的国家—企业关系更接近以日本为代表的发展型国家①，两者都强调持续经济增长的重要意义，但在国家干预、政商关系、官僚机构、产业政策方面，中国呈现出不同于发展型国家的"新发展主义"特征，具体表现为：

（1）经济增长的共识

国内没有形成政府干预促进经济增长的共识。关于政府干预在经济增长中的作用，中国国内始终存在着截然相反的两种观点：一种观点认为中国经济的增长主要得益于市场化导向的改革，"恰恰是政府退出经济活动领域，才使市场得以充分、自由地发育和完善"②；另一派观点认为，政府的权威性以及政府干预和指导经济发展的能力在经济高速增长的过程中发挥了关键性的作用。③ 中国政府在"干预"和管理经济活动到底应该承担多大的责任，始终没有形成一个统一的认识。但是在日本等一些发展型国家中，则普遍认为强有力的国家干预是经济取得成功的关键。强大的国家干预思想在日本国内拥有合法性地位，即使经济处于低迷时期，也很难动摇"国家主义"在日本经济学界和政界的主导地位，这在其他英美等自由市场经济国家中是难以看到的。

---

① 发展型国家主要是指以日本、韩国和台湾地区为代表的、国家（政府）在经济发展中居于核心地位的国家。发展型国家的特点有：经济发展的优先性、高度自主的经济官僚机构、有选择性的产业政策和紧密合作的政商关系。参见［美］禹贞恩编：《发展型国家》，曹海军译，吉林出版集团有限责任公司 2008 年版；朱天飚：《发展型国家的衰落》，载《经济社会体制比较》，2005 年第 5 期。

② 自由市场派基本持此种观点。

③ 翁博：《国家控制力在中国经济发展中的作用》，载《行政论坛》，2010 年第 1 期。

(2) 经济官僚机构的自主性

国家机构的自主性主要指经济官僚机构独立于社会进行自我决策的能力。① 经济官僚机构自主性，首先体现于官僚机构与特定的社会压力相隔绝。典型的发展型国家应该是一个触角深入到社会但又能保持其完整性的怪兽。② 独立的经济官僚机构在进行决策时，能够抵御特定利益集团的寻租活动，避免自身决策受制于利益集团的短期行为。经济官僚的独立性可以从根本上保证经济决策的去政治化；其次，自主性不仅指享有独立的地位，而且指机构和人员具有较高的决策效率。高效的官僚机构和人员往往在经济发展中拥有实际的权力，能够相对自由地管理经济；再次，经济官僚机构的自主性是指他们往往负有实现国家整体利益的义务，普遍利益而非部门利益是官僚机构经济决策的出发点。

中国的经济官僚机构是经济活动的重要参与者，在某种程度上拥有广泛的自由裁量权，但却缺乏独立稳定的权力基础。中国的官僚机构是任命产生的，"任命式的官僚制"决定了权力和代表的结合方式。与日本等发展型国家的职业性技术官僚不同，中国的经济官僚们表现出依附性、排斥性的特征。依附性是指经济官僚主要依附于他的上级，上级决定了经济官僚的权力和前途。排斥性是指经济官僚的决策远离公众的监督和制约，无需为自己的错误决策负责。除此以外，经济官僚的自主性缺乏还体现在他们可以使用的协调经济的政策工具非常有限，金融政策、货币政策、产业政策等政策手段在实现国家战略目标方面所发挥的作用有限。

---

① 参考了国家自主性的概念。参见朱天飚：《比较政治经济学》，北京大学出版社2006年版，第95页。

② Peter Evans, *Embedded Autonomy: States and Industrial Transformation*, Princeton: Princeton University Press, 1995, p.59.

(3) 政商关系

"对于发展型国家来说，与社会的联结就是与工业资本的结合"①。通过有选择的产业政策对大产业和大财阀进行支持，塑造了政商合作的官僚模式。在发展型国家中，国家和社会、政府和市场、公共和私人之间的界限并不是清晰可分的，政府通过各种公开或隐蔽的方式对私营经济进行支持。中国一直倡导"有限政府、政企分开"的改革理念，始终强调政府是由和任何利益集团没有关联的独立人士组成的，要求政府超越利益集团的影响，因此，中国不具备形成政商紧密结合的意识形态土壤，但这并不代表在现实生活中事实如此，中国政府—企业关系并没有演化为"政治归政治、经济归经济"的道路，而是表现为政商越来越紧密地结合。企业家主要借助自身经济优势实现和政治权力的结合。以民营企业家为例，2000年江泽民提出"三个代表"的重要思想，鼓励民营企业家入党，民营企业家借助经济优势开始跻身政治边缘地带。2002年十六大以后，民营企业家参政议政的热情空涨，据全国工商联2010年统计数据显示："68.6%的党员企业主是在2001年以后入的党。特别是在县乡一级，民企老板对政治有强大影响力和参与度，而越往上，民企老板的政治身份越少，影响力也越小。"② 十八大召开之前，中共决定在民营企业家中选拔十八大中央候补委员，以显示更紧密拥抱民间资本群体，政商关系的扭结越来越紧密。中国的政商关系缺少制度设计上的合理性，但却生出了"恶"之花，盘龙错节的利益纽带和层出不穷的官商勾结，并没有因为制度的缺乏而止步。

2. 中观制度

政策最终是由政府制定出来的，国家—社会关系在具体政策领域的影响主要通过中观制度加以体现。以政府为核心的中观制度规定了政策

---

① Peter Evans, *Embedded Autonomy: States and Industrial Transformation*, Princeton: Princeton University Press, 1995, p.234.

② Changdong Zhang, "Representation through Taxation: Business Politics in Transitional China", The 69th Annual MPSA Conference, Section of Comparative Political Institution, March 31, April 3, 2011.

权力在不同政治行为体之间的分配状况（见表5.1）。政策权力包含两个方面，一是政策的直接制定权力，二是政策的间接影响力。

中国共产党在政治体系中的核心地位，决定了执政党在对外经济决策中属于直接主体，党的领袖和领导核心在政治决策中处于中心地位；"议行合一"的政治制度规定了全国人民代表大会是最高权力机关，行使立法权，参与对外经济政策的制定；中央政府是政策的直接参与者，中央政府通过"行政授权"的方式赋予地方政府一定程度的独立参与对外经济事务的权力，地方政府，特别是沿海、沿边、沿疆城市在对外经济决策中发挥着重要的作用。

表5.1 政治行为体及其参与对外经济决策的途径

政治行为体	权力来源	职能	组织结构	参与方式
中国共产党	历史、宪法	拥有对外经济政策的最终决定权	中共中央政治局领导小组	政治报告会议
全国人民代表大会	宪法	立法权、缔约权、财政权、监督权、选举权	委员长专门委员会	间接参与外交决策、提供咨询、调研作用
国务院	宪法	编制和执行国民经济和社会发展计划，管理对外事务，同外国缔结条约和协定	外交部、商务部、发改委、财政部、海关总署、中国人民银行	行政措施、法规、决定和命令；专业的主管部门设置，管理对外经济事务，国民经济和社会发展规划
地方政府	中央授权	外资审批权、外贸及外汇管理权、大型国有企业的管理权		参与区域经济合作，成为半决策主体；借助地方政绩考核，增强政治影响力；国际经济技术合作公司推动国际合作

| 观念、利益和制度：国内政治与中国对外经济政策

具体来说，中国的中观政治制度呈现出"分散型权威主义"① 的特点：从横向的中央决策机构来看，对外经济政策制定权集中于执政党和中央政府手中，中共中央委员会和中共中央政治局及其常委会处于政治决策的中心地位；国务院下设各职能部门参与对外经济政策的制定和执行；中华人民共和国宪法赋予全国人民代表大会最高权力机关的地位，通过行使立法权、选举权和监督权间接参与对外经济政策的制定。从纵向层面来说，中国是单一制国家，外交权力属于中央政府，地方政府无权分享国家对外事务，但是在涉外经济领域，如对外贸易和对外投资，地方政府参与又是个不争的事实。在经济外交日趋活跃的今天，中央政府通过"制度分权"和"政策授权"② 的方式赋予地方政府开展国际经济活动的自主权，特别随着外贸体制改革的进行，地方政府在对外贸易、内外直接投资等领域拥有越来越多的自主性，积极拓展国际合作的活动空间。但是地方政府参与国际事务的权力缺少宪法和制度上的依据，更多属于中央政府依据行政管理的便利而进行的政策性授权，这种下放的权力随时有可能被收回。

鉴于上述分析，中国中观决策制度具有"集中"和"分散"的双重特征。"集中"体现对外经济的决策权力集中在中央层面。执政党和中央政府在对外经济决策中处于核心地位，全国人民代表大会作为民意机构和立法机关，对外交政策的参与和监督有限；地方政府在中央政府的授权之下拥有参与对外经济活动的自主权，但这种自主权缺少法理和制度的保障。"分散"是指在中央核心决策层面，并没有形成独立、自主、连续的对外经济决策机制，对外经济决策从属于国

---

① 引自 Kenneth Lieberthal and Michel Oksenberg, *Policy Making in China: Leaders, Structures, and Processes*, Princeton: Princeton University Press, 1988, p.22。但具体含义有所不同，李侃如和奥森伯格主要是指一方面，中国的政治决策权力高度集中于党的核心领导集团手中，另一方面，官僚机构中参与决策的各个部门均追求部门利益的最大化，一个统一的"国家政策"难以形成，他们把这种高度分散的决策结构称之为"分散型的权威主义"。

② 苏长和：《中国地方政府与次区域合作：动力、行为及机制》，载《世界经济与政治》，2010 年第 5 期，第 9—10 页。

家安全和国内政治的需求，特别是在区域经济合作中体现得较为明显。

3. 微观制度

微观制度主要是指参与对外经济决策的部门间关系以及与决策程序相关的规则和模式。对于任何一个具体的政策领域而言，专业分工和职能设计是必不可少的，对外经济政策的制定和执行必须通过具体的机构和部门加以完成。在行政机构内部，依据主管事务的性质，形成了分工不同但相互交织的决策网络，涉外经济部门之间的正式和非正式的制度关系就构成决策的微观体系。具体而言，主要是指参与对外经济决策的具体部门及其权限、对外经济决策程序、决策模式等。

（1）参与部门及其权限

中国对外经济决策权在行政系统内部由商务部、外交部、财政部、国家发改委等部门共享。商务部在国际贸易和对外援助领域享有主导权，外交部在传统外交领域发挥主导作用，财政部和中国人民银行在国际货币和金融领域具有重要影响力，而国家发改委在国际能源政策、海外直接投资领域发挥着决定性作用。对外经济决策权在立法机关——全国人民代表大会——的体现集中于各种专门委员会，如财经委员会和外事委员会，专门委员会并不直接参与对外经济政策的制定，更多是通过信息、咨询、监督等渠道发挥间接影响。

（2）决策程序和模式

对外经济政策的决策程序一般包括以下几个环节：首先是中共中央委员会、中共中央政治局及其常务委员会掌握最高决策权，其运作方式是召开政治局会议，对外交战略、外交方针以及突发事件等重大问题集体作出决定；外交部、商务部等涉外主管部门执行中央决定，并就本部门主管事务向中央提出建议，其主要领导作为中央委员、中央候补委员和政治局委员参与外交决策；学术智库和大众传媒发挥着决策咨询和信息传递的作用。

中国对外经济的决策模式可以概括为跨部门协调机制和寻求共识的决策特点。跨部门协调有正式和非正式两种机制。正式的协调机制主要体现在最高决策权力围绕中央领导小组展开。中央外事工作领导小组和中央财经领导小组是和对外经济决策密切相关的两个议事协调机构。中央外事工作领导小组侧重领导外事、国家安全工作,而中央财经领导小组则侧重经济工作,是中国经济的最核心部门。领导小组成员一般由分管相应工作的中共中央政治局成员、国务院领导成员和部分综合经济管理机构的领导成员组成,具有级别高、代表性广泛的特点,但由于领导小组是非常设机构,难以在外交决策中发挥意见筛选和政策综合的功能。1998年8月,中共中央、国务院撤销国务院外事办公室,成立中央外事办公室(简称"中央外办")。中央外办作为中央外事工作领导小组办事机构,列入中央直属机构序列,其职责主要是协调中央各部门和国务院各部门之间的涉外工作,就重大问题进行调研,制定相关政策,并向中央作出决策建议。中央外办由于级别低,只能就政策执行就行协调,无法在外交决策中发挥关键性作用。中央国家安全委员会的成立,被外界视为有望在政策建议和政策综合方面发挥更为积极的作用,但目前该委员会倾向于国内安全事务,而非国际事务。

非正式的协调机制是指临时因事而设的跨领域、跨部门协调小组。政府出台的政策往往涉及多个主管部门,为了提高政策执行的效率,国务院会设立部际协调小组来领导和协调多个部门共同参与某项政策。20世纪90年代针对中国加入世界贸易组织而成立的入世谈判部际协调小组,就是在国务院主管对外经济工作的副总理的领导之下,以对外经贸部为首的跨部门协调小组。2004年11月,国务院成立部级涉外紧急突发事件协调小组,由外交部长李肇星任负责人。这样的部际协调小组往往因事而设,存在应急性和短期性的特点。

中国的对外决策模式具有寻求共识的特点,即政治决策需要一个漫长的协商和讨价还价的过程,以达成一个各方都能接受的方案。[①] 改革开放以后,中国的外交决策制度"威权主义"特征弱化,权力分散化

---

① Linda Jakobson and Dean Knox,"New Foreign Policy Actors in China",http://books.sipri.org/files/PP/SIPRIPP26.pdf(访问时间:2015年12月20日)。

和决策制度化的特征日渐明显,特别是在国际经济领域。① 决策权力的分散既体现在中央部门之间,也体现在中央政府和地方政府之间。权力的分散意味着越来越多的行为体参与到对外经济决策中来,中央政府层面,外交部主管外交事务的局面发生了变化,商务部、财政部、农业部、国家发改委等部门都参与到对外经济决策活动中。20世纪90年代,国务院各部委均设立了开展国际合作的职能司室,加强了本部门在外交决策中的独立地位。纵向层面,地方政府积极参与国际经济合作。省、自治区、直辖市以及各市、县都设有外事办公室,负责本地区涉外事务的归口管理。"一个国家对外交往越频繁,参与外交决策的机构也就越多,发觉与己利害相关的国内民众数量也随之增加。这些发展需要中共高层花费更多的精力来协调不同部门间的利益"②。对外交往主体多元化的趋势增强了高层政策协调的必要性。随着中国大国地位的上升,一套统一、连贯、完整且反映国家整体利益的国际经济政策尤为必要。一项综合各方利益诉求产生的政策,可以有效避免国家利益被部门利益所绑架。同时,政策过程中各方行为体充分交流、广泛协商和相互妥协,可以降低决策成本,如果政策方案能够得到各方的一致同意,那么政策方案被批准和执行的难度就会降低。当然过于追求政策共识的存在,有时会延误政策时机,造成政策反应滞后,不利于问题的及时解决。

  政策共识的取得可以通过圈阅、会议、协调、动员、听证等多种方式。③ 特别是会议和协调的方式在政策过程中经常会使用。执政党、政

---

① David M.Lampton, "China's Foreign and National Security Policy-Making Process: Is It Changing and Does It Matter?", in David M.Lampton ed., *The Making of Chinese Foreign and Security Policy in the Era of Reform: 1978-2000*, Stanford, California: Stanford University Press, 2001, pp.1-36.

② David M.Lampton, "China's Foreign and National Security Policy-Making Process: Is It Changing and Does It Matter?", in David M.Lampton ed., *The Making of Chinese Foreign and Security Policy in the Era of Reform: 1978-2000*, Stanford, California: Stanford University Press, 2001, p.16.

③ 陈玲、赵静、薛澜:《择优还是折衷——转型期中国政策过程的一个解释框架和共识决策模型》,载《管理世界》,2010年第8期,第62页。

府机构和立法机关均形成了成熟的会议制度,如中国共产党全国代表大会、中央委员会全体会议、中央政治局会议和政治局常委会议;国务院全体会议、国务院常务会议;全国人民代表大会、全国人大常委会会议和全国人大委员长会议等。通过会议的方式,各方可以就重大问题展开讨论、磋商、论证,进而对方案进行比较和选择。协调一般存在跨部门、跨领域决策过程中,领导小组、议事协调机构属于此类协调机制。中共中央领导小组就是中国共产党领导下、汇集党和政府决策精英的协调决策机构。中央领导小组通过会议等方式,一方面整合执政党和政府之间的共识基础,另一方面推动和监督政策执行,弥补政策理论和实务之间的差距①,承担着建议、议事、协调、监督等多重功能。国务院议事协调机构承担跨国务院行政机构的重要业务工作的组织协调任务,属于国务院的组成机构之一。国务院议事协调机构一般因事而设,事毕而废,具有临时性、专门性的特征。议事机构多由国务院总理、副总理或国务委员担任协调小组的组长,具有规格高、参与部门多的特点。

"一个国家的政治制度结构通常是由广义的宪法体系来规定的,也就是说,确定政治、经济博弈方式的正式制度结构本身是被主观设计出来的。"② 政治制度的设计体现了建国精英们对历史、国情、现实的认知和把握,也体现了对国家意志和社会力量的权衡。制度一旦形成,就具有稳定性和连续性。上文侧重分析静态的制度结构对政策和行为的影响,动态的制度变迁甚少涉及。但是在现实政治生活中,制度并非一成不变,即使是强调路径依赖的历史制度主义也认为制度的"均衡"并不是永久存在的,提出"均衡断裂"的概念来解释制度变迁。③ 特别是在一个较长的历史时期内,制度会随着时间和问题领域而发生变化。下

---

① 邵宗海:《中共中央工作领导小组的组织定位》,http://www.21ccom.net/(访问时间:2016年1月11日)。

② [美]道格拉斯·诺斯:《理解经济变迁过程》,钟正华等译,中国人民大学出版社2008年版,第49页。

③ [美]B.盖伊·彼得斯:《政治科学中的制度理论:"新制度主义"》,王向民等译,上海人民出版社2011年版,第75页。

文主要围绕制度变迁展开,分析动态的制度变迁是如何影响对外经济政策的重大调整。

二、制度变迁下的决策逻辑

从宏观制度层面来看,在不同的历史阶段,国家—社会的互动模式呈现出不同的特征,中国表现出"强国家"的总体特征的同时,社会的独立地位和渗透能力也在显著增长。从中观层面来说,与对外经济政策相关制度变迁主要体现在三个方面:第一,执掌对外经济决策权力的两大组织——执政党和政府的关系处于变化之中,执政党通过法治化和制度化的渠道强化了对政府工作的领导;第二,全国人民代表大会在对外经济政策中的地位有所上升,但受制于国家权力格局的变化,影响有限;第三,中央—地方政府的分权模式决定了地方政府在对外经济政策中的地位不断上升。

(一) 宏观制度变迁与对外经济战略选择

宏观制度具有稳定的特质,宏观制度变迁既是路径依赖的结果,也是均衡断裂的结果。

1. 宏观制度的设计体现了制度创设者最初的政治选择,这种政治选择会持续和稳定地影响制度的未来

改革开放之前,中国的国家—社会关系具有"国家主义"的特征,即国家对社会的全面控制,社会缺乏独立的活动空间。[①] 1978年开启的以放权让利为目标的经济改革,在社会领域催生了多元化的社会利益主体,这些利益主体通过建立自主性组织来实现自我利益,相对独立的社会组织开始出现。同时,国家改变了卷入社会的方式,由过去的全面干

---

① 有的西方学者使用"全权主义"(totalitarianism)或者"全能主义"(totalism)来界定中国的国家社会间关系。前者如 Benjamin Isadore Schwartz, *Communism and China: Ideology in Flux*, Cambridge, Mass: Harvard University Press, 1968; 后者参见邹谠:《二十世纪中国政治: 从宏观历史和微观行动的角度看》,牛津大学出版社2012年版。

涉转为双重监管，国家和社会间关系发生了巨大的变化，但并未摆脱国家控制的影子，"国家法团主义"可以很好地概括当下中国的国家—社会模式：① 社会团体多由国家出面组建，在领导人遴选、政策支持等方面都表现出对政府的较强依赖性；国家通过登记和年检制度对社会团体进行有效控制，使之有序地参与政治。"国家法团主义"的模式说明了中国的国家—社会关系的演变，至少从目前来看，并没由完全摆脱计划经济时代"全能国家"影子，过去的遗产仍在某种程度上发挥影响。

2. 宏观制度变迁既可能以渐进的方式向前演变，也会以均衡断裂的方式发生变化

以政府—企业关系为例，中国的政企关系表现为国家干预主义和有选择的市场经济相结合，但是在不同的历史阶段，国家干预的方式有所不同。20世纪80年代进行的以市场化取向的经济改革，着力淡化国家在经济中的作用，这一进程一直持续到2001年中国加入世界贸易组织。这一时期，打破计划经济体制的束缚，释放市场力量，成为改革的共识。市场取代计划，开放取代封闭，改革取代保守，成为中国决策者的政治选择。在这一选择之下，中国政府不仅积极地参与到全球经济体系中，而且在国内转变经济治理方式，减少政府干预的范围，市场取代政府成为经济治理的主要手段。中央政府进行了以放权让利为目的经济改革，包括地方政府、乡镇企业和外资企业在内的多个经济行为体参与经济活动的自主性和独立性显著增强。进入21世纪，政府的作用却再次强大起来，2003年国有资产管理委员会（以下简称"国资委"）的成

---

① 关于中国国家—社会关系的现状分析，学界有两种主流观点，一种观点认为中国的现状符合市民社会理论，另一种观点认为法团主义在中国更具有解释力。笔者赞同第二种观点。参见顾昕、王旭：《从国家主义到法团主义——中国市场转型过程中国家与专业团体关系的演变》，载《社会学研究》，2005年第2期；Jonathon Unger and Anita Chan, "China, Corporatism and The East Asian Model", *The Australian Journal of Chinese Affairs*, Vol.1, No.33, 1995, pp.29-53; Anita Chan, "Revolution or Corporatism? Workers and Trade Unions in Post-Mao China", *The Australian Journal of Chinese Affairs*, Vol.1, No.29, 1993, pp.31-61.

立，政府对诸多行业的参与越来越积极。一方面，政府借助和国有企业的政企联盟，实现了对经济的全面控制；另一方面，政府通过制定国民经济和社会发展规划，拥有了实现自身政策目标的有力工具。2008年金融危机之后，与欧美等国家比较，中国经济"一枝独秀"，有关中国模式的讨论逐渐增多。中国模式的某些特征被国内误读并过度宣传，一部分官员和学者也开始以为中国经济增长得益于强大的国家干预，应该强化而非弱化政府在经济活动中的作用。所以在这一时期，政府在经济活动中的地位不降反增，国家有时候不仅仅是干预和指导经济，而是直接操纵和参与市场，竞逐市场利益。过于强大的国家力量催生了大规模的行业垄断，形成了大量的特权阶层和既得利益集团，同时也铸就了地方政府"唯GDP主义"，而忽视了社会建设和社会公平。

3. 国家在经济活动中的角色和地位还受到商品和资本的跨国交往的影响

在一个日渐频繁的跨国交往的世界中，跨国经济联系的增强常常会产生两种结果，一是国家经济角色的扩张，二是国家自主能力的降低。国家经济角色的扩张可以从国家官僚机构中经济部门数量的增长得到验证。对于本国从事跨国资本运作的企业家们来说，一个对外"强大"而高效的政府是有必要的。另一方面，国家与外部世界的联系日益紧密，国家自主决策的能力受到限制。当一国对外资的依赖程度不断增强，其实现经济目标的总体能力受到影响。"当市场更少地从国家那里获取资本，而更多地从国际流通和资本市场获取资本的时候，将会使得市场有更少的理由追随（尤其是服从）国家了。"① 贸易、资本和金融的全球化把经济控制杠杆由国家转向市场，由国内转向国际，政府的权力减少了，国家机器促进国内积累的能力受到挑战。

---

① Eul Soo Pang, "The Financial Crisis of 1997–1998 and the End of the Asian Developmental State", *Contemporary South-east Asia*, Vol.22, No.3, 2000, p.583.

4. 国内市场上经济主体性质不同，参与对外经济政策的渠道和途径也有所不同

这点在国有企业和民营企业身上体现得较为明显。国有企业在中国国民经济中处于优先发展的地位，特别是在关系到国家安全和国民经济命脉的重要行业和关键领域内，国有企业拥有一定的政策话语权，有时候可以直接参与或影响外交政策的制定，或者可以借力相关的职能部委、地方政府，实现其政策意图。作为国有资产的出资人和主要监管机构，国资委主要代表央企的利益，在帮助国有企业获得财政补贴和政策优惠方面发挥着重要的作用。同样，国有企业作为"准行政组织"，自身及企业高管在中国政治序列中都占有重要的地位，对经济政策的影响力是民营企业和外资企业难望项背的。民营企业和外资企业对经济政策的影响相对来说要间接一些。民营企业和外资企业主要是借助各种协会和商会对政府决策施加影响，如中华全国工商业联合会、中国民营企业家协会、中国外商投资企业协会等。这些专业协会和国家的关系受制于国家—社会的互动模式，表现出国家控制和社会自主的双重特征。①

（二）中观制度变迁与对外经济决策

宏观制度的变迁对国际经济政策的影响，主要是通过中观层面的制度变化加以体现的。下文主要从党政关系和央地关系两个角度来考察。

1. 党政关系的制度变迁

建国初期，中国共产党比较重视党政分离，在制度设计上避免党对政府决策的影响。但是在50年代的"大跃进"运动中，中共加强了党对政府机关的领导，如在党内设立相应于政府部门的机构，实行归口管理。1958年6月中共八届四中全会结束后，中共中央决定成立财经、政法、外事、科学及文教等小组，将政府工作划分为五大块，各由专人负责分口领导，这就是党对政府工作的归口管理。毛泽东特别强调："这些小组是党中央的，直属中央政治局和书记处，向他们直接做报告。

---

① Margaret M. Pearson, "The Janus Face of Business Associations in China: Socialist Corporatism in Foreign Enterprises", *The Australian Journal of Chinese Affairs*, No.31, 1994(1), p.46.

第五章 国内制度：对外经济政策的框架

大政方针在政治局，具体部署在书记处。"① 归口管理制度强化了以党代政的风气，中共中央成为实际上的最高权力机关。1978年邓小平主持中央工作以后，提出解决以党代政、党政不分的现象，但此时所强调的党政职能分开，"并不是削弱党的领导，而是更好地改善党的领导，加强党的领导"②。党在经济工作中的角色由直接领导转变为间接领导。中央工作领导小组的地位随着党政分开的倡议而抬升了，并由过去协调重于决策的功能，转为协调与决策并重。③ 领导小组涵盖了与政策相关的党和政府的主要决策者，他们在此协调机制之下，就某些问题协商、交换意见、达成共识，并进而推动政策有效执行。1989年之后，中国共产党重申了对国家政权的领导，十四大党章修正案中第一次规定，党组"讨论和决定本部门的重大问题"，赋予国家政权机关党组决定本部门重大问题的权力；重建了一些同时隶属党中央和国务院的党政合一的工作机构，如中共中央台湾工作办公室同时也是国务院台湾事务办公室。90年代后期，党政关系的变化趋势是加强了党在同级各种组织中的核心领导作用，在发挥与完善人大作用和改善政府工作的同时，加强了党对国家政权的统一领导和对用人权、重大问题的决策权的掌握。虽然党的执政方式趋于制度化和法治化，但党对政府的领导并没有削弱而是增强了。

党政关系的制度变迁所带来的政策结果就是，中国共产党在对外经济决策中处于核心地位，但是党的主导地位的稳固有赖于和其他各方力量达成共识的能力。在今天的中国，"越来越多的行为体以自己的方式理解和实践着'国家利益'，商务部要促进国家的经济繁荣，中国人民解放军要保卫中国的主权和领土完整，石油公司要保证中国的能源安

---

① 薄一波：《若干重大决策与事件的回顾》，中共中央党校出版社2008年版，第662页。
② 中共中央文献编辑委员会：《邓小平文选》（第二卷），人民出版社1993年版，第320—343页。
③ 邵宗海：《中共中央工作领导小组的组织定位》，http://www.21ccom.net/（访问时间：2016年1月11日）。

全，地方政府要提高人们的生活水平等等"①。中国共产党必须具备把国内行为体的利益和意愿整合进对外经济政策中的能力，并需要适当兼顾国际社会的要求。一项兼顾国家利益和社会利益、安全利益和经济利益、国际利益和民族利益、物质利益和意识形态等多重利益的对外经济政策，才有助于中国共产党提升执政能力和塑造良好国际形象。

2. 央地关系的制度变迁

中央—地方关系在制度层面的主要变化远非单纯的放权和集权那么简单。不管是70年代末期的放权让利改革，还是1994年的分税制改革和中央银行制度改革，中央政府都在其中发挥了主导性的作用，地方政府参与对外经济事务的深度和广度取决于中央的授权和支持，这是理解央地关系变迁的前提。但是，30多年改革开放的经验也证明，地方政府参与对外经济活动的积极性和自主性并非完全处于中央政府的掌控范围之内。1978年以来，中央政府通过多次财税改革来调整中央和地方的关系，特别是1994年的分税制改革，被看作是对央地关系的一次重大调整，这次改革的主要目的是增强中央政府的财政收入，提高中央政府的宏观调控能力，但是改革并没有取得预期的效果，中央政府的财政收入获得显著增长，但政府能力并没有相应提高。事实证明，地方政府追求经济增长的动力一旦被激活，中央政府很难通过制度改革来调整和改变地方政府的逐利行为。在国际制度国内化的过程中，地方利益和国家利益并不总是完全一致，地方政府关注的是经济利益和局部利益，中央政府则主要从国家利益和安全利益的角度来制定政策，地方利益违背国家利益的现象常有发生，这对中央政府在全球层面执行一个统一的外交政策提出了挑战。如何在国际交往中统筹中央和地方、国际和国内两个大局，成为考验中央政府决策能力的重大难题。

在日趋活跃的区域经济合作中，地方政府更是成为国际化的主力军。地方政府，特别是沿海或沿边的省级政府，在区域贸易协定中追求

---

① Linda Jakobson and Dean Knox, "New Foreign Policy Actors in China", http://books.sipri.org/files/PP/SIPRIPP26.pdf(访问时间:2016年1月11日)。

的主要是经济利益,他们多从自身经济发展的角度出发,看到了加强与周边国家经济合作的巨大潜力,在积极发展对外贸易的同时,也推动中央政府将区域经济合作纳入政策议程并上升到战略决策的高度。但是区域经济合作一旦进入中央决策层面,所追求和关注的利益与地方政府就有所不同,中央政府对安全利益和政治利益有时候超过对经济利益的考量,这必然要求地方政府在对外经济交往的过程中服从中央安排,约束地方逐利行为,这反而和地方政府推动自由贸易协定的初衷相背离。以中国—东盟自由贸易协定为例,云南和广西等省级地方政府在中央政府开始自贸区谈判之前,就已经和周边的东盟国家有了少量的边境贸易,这种边境贸易一开始是在中央政府的默许之下进行的,随着对外贸易体制改革,地方政府在边境贸易中的自主权增强,推动了边境贸易进一步繁荣。作为地方政府来说,推动边境贸易进入政府决策议程,并上升到国家战略高度符合其主观利益。中国—东盟自由贸易协定的签署和自由贸易区的建设,既是中央政府对外经济战略的宏观考量,也是地方政府积极游说的结果。但是"中国—东盟自由贸易协定的签署主要是基于政治原因而非经济原因"①,这在中国—东盟自由贸易协定中的"早期收获"计划中体现得较为明显。农业部和广西等省级政府的官员在谈到自由贸易协定的影响时,均持消极的看法,但是自由贸易协定得到商业部和更高层领导的支持,地方利益在和中央利益冲突的情况下,只能选择服从,中央政府为了换取地方政府对该政策的支持,势必要其他问题上给予补偿。上述案例中利益受到损害的广西壮族自治区政府获得了中国—东盟博览会的主办权,而云南省政府则在湄公河次区域合作中获得主导权。只要中国融入世界经济体系的方向和速度不发生变化,地方政府参与对外经济事务的活动就不会停止,为了避免对外经济政策的进一步分散化,中央和地方的政策博弈必须纳入制度化和法规化的层面,只有

---

① John Ravenhill and Yang Jiang,"China's Move to Preferential Trading: An Extension of Chinese Network Power?",Asia Research Center,CBS,Copenhagen Discussion Papers 2007-18,p.19.

这样才能有效避免对外经济政策的"碎片化"①现象。

宏观制度、中观制度和微观制度在稳定性方面依次递减。宏观制度稳定性最强，制度变迁遵循历史制度主义的"路径依赖"，在一个较长的时间内不会发生较大的变化。中观制度的稳定性次之，府会关系、党政关系和央地关系会经常调整。而微观层面的制度变迁则更为明显，宏观和中观层面的制度变迁以及领导者的主动调整都可能引起微观决策系统的变化。下文将重点描述和分析微观决策系统的制度变迁以及这种变迁对对外经济政策的影响。

三、微观制度变迁与对外经济决策

政策最终是由政府来制定的，在对外经济政策领域，行政机构比起政党和议会组织来说具有天然的政治优势，这种优势主要体现在以下几个方面：第一，是制度优势。《中华人民共和国宪法》第八十九条第九款规定，国务院行使下列职权："管理对外事务，同外国缔结条约和协定。"国务院通过下设的各职能机构统一行使外交事务的管理权，其他的组织机构则缺乏这种宪法和法律制度上的基础。第二，是专业优势。国务院内部设立若干职能部门来分管不同的政策领域。外交部主管外交和安全事务，商务部主管对外贸易和国际合作，财政部主管国际金融和货币政策。每个具体的职能部门在该政策领域都占有专业资源，享有专业声望，获得专业权威。第三，是信息优势。行政机构能够有效感知国际和国内的信息刺激，并依此作出政策建议。行政部门经常代表国家从事外交活动，非常熟悉国际事务，对国际体系的变化也较为敏感，这都有助于他们尽快作出建议，供高层领导决策参考。同时，行政部门又具有对国内信息的刺激不太敏感的特点。与全国人民代表大会的代表更多是反映国内民众的利益需求不同，行政机构具有较高的决策自主地位。

---

① 此处的"碎片化"主要是指对外经济政策在中央层面被国务院各组成部门相分割，在纵向上被地方利益所分割，缺少一个完整、统一、有效的对外经济政策。

斯蒂芬·克拉斯纳（Stephen D.Krasner）在分析美国外交政策的时候曾指出："最主要的国家行为者是总统和国务卿，而最重要的机构是白宫和国务院。这些人物和机构的与众不同就在于他们与特定的社会压力高度绝缘，而且他们还拥有一系列正式或非正式地促进国家普遍利益的义务。"[①] 中国的行政机构也是典型的官僚政治体系，行政机构代表国家行使权力，对上而非对下负责，具有较高程度的行政自主性，且他们宣称代表国家的普遍利益而非特定利益集团的利益。

行政机关对国际经济政策的管理主要是通过具体的职能部门来实现的。本节主要根据各职能部门的制度性角色和权限，以及政策偏好不同，来分析它们对国际经济政策的影响。

（一）商务部：主管对外贸易和国际经济合作

中华人民共和国商务部是国务院主管商业经济和贸易的组成部门，具体分管的对外经济事务包括：对外贸易、双边和多边贸易谈判、外商投资、对外经济合作、对外援助等。[②] 随着经济外交在中国外交布局中的地位逐步提升，商务部在行政体系中的地位相应提高。但是，商务部在中国对外经济决策特别是贸易决策体系中地位和权限经过了一个不断变化和调整的过程。

在2003年商务部成立之前，中国的国内贸易和对外贸易是由两个不同的政府部门分别掌管，对外经济贸易部（1982年之前称为对外贸易部，1993年对外经济贸易部更名为对外贸易经济合作部）主管进出口贸易，国内贸易部分则由国家经贸委和国家计委负责。2003年机构调整，商务部成立，统一管理国内贸易、对外贸易、国际合作等事项，不再对国内贸易和国际贸易加以区分，这也是为了适应进出口贸易快速发展的内在要求。1978年，中国货物进出口总额只有206亿美元，在

[①] Stephen D. Krasner, *Defending the National Interest: Raw Materials Investments and U.S. Foreign Policy*, Princeton: Princeton University Press, 1978, p.11.

[②] 参见中华人民共和国商务部网站，http://www.mofcom.gov.cn（访问时间：2015年12月10日）。

世界货物贸易中排名第32位，所占比重不足1%。2010年，中国货物进出口总额达到29740亿美元，比1978年增长了143倍。[①] 对外贸易的飞速发展带来了机构调整、资源整合的必要性。80年代对外贸易体制改革之前，对外经贸部在对外贸易领域享有垄断地位，90年代针对尽快加入世界贸易组织的政治需要，对外经贸部在入世谈判中被授予较大的权力，这一时期，国际经济政策领域，外经贸部享有较高的权力。2003年，商务部成立以后，其主管对外经济贸易工作进入制度化和常态化轨道，不再享有90年代的超高地位。以对外贸易谈判为例，中国入世以后，参与世界贸易组织的多边谈判一般由商务部负责，但在区域贸易协定的谈判过程中，外交部也发挥了关键的作用，前期合作意向谈判多由外交部主导，商务部更多是负责后期的具体谈判和落实工作。[②] 商务部地位和权限的变化，一方面说明对外经济决策制度呈现科学化和规范化的趋势，"专门分工、各司其职"的专业化行政体系逐步形成，虽然跨部门、跨领域的政策协调在所难免，但像过去那样为了应对某个问题临时"拔高"某个政府部门的现象会逐步减少发生。另一方面，对外经济政策本身既属于外交政策的一部分，又属于经济政策的一部分，政策博弈在所难免，政策博弈必然需要一定权力的让渡和妥协[③]，商务部的权限有所变化也属正常，这样的部门和政策竞争今后会经常发生，但会逐步限制在法制框架内。

  商务部在对外经济决策中的职责和功能主要包括四个方面：第一，政策建议。商务部就对外贸易和国际经济合作的发展战略、政策提出建议；拟定外商投资、对外援助、对外投资和对外经济合作的法律法规草案及制定部门规章；就我国经济贸易法规之间及其与国际经贸条约、协

---

  ① 《中国对外贸易白皮书》，2011年12月，http://news.xinhuanet.com（访问时间：2016年1月11日）。

  ② 肖刚、许佳佳：《中国推动建立FTA的外交努力》，载《国际经贸探索》，2009年6月，第56—57页。

  ③ 王存刚：《当今中国的外交政策：谁在制定？谁在影响？——基于国内行为体的视角》，载《外交评论》，2012年第2期，第7页。

定之间的衔接意见提出建议；研究经济全球化、区域经济合作、现代流通方式的发展趋势和流通体制改革并提出政策建议。① 第二，贸易谈判。由商务部牵头负责多边和双边经贸对外谈判，根据授权代表我国政府处理与世界贸易组织的关系，牵头承担我国在世界贸易组织框架下的谈判和贸易政策审议、争端解决、通报咨询等工作。第三，协调功能。就双边和多边贸易谈判中各部门的意见进行协调，同时负责反倾销、反补贴、保障措施及其他与进出口公平贸易相关工作的组织和协调。第四，政策执行。作为国家政策的具体执行机构，商务部负有执行和落实对外经济合作政策、对外援助政策、区域贸易协定的职责。

近年来，随着国家经济战略的调整，对外贸易在国民经济增长中的重要性有所降低，但这并不代表商务部的地位会有所降低，相反，随着中国经济开放程度的不断提高，以及经济外交和商务外交的增多，商务部的地位和权限将稳步提升。

（二）外交部：主管外交事务

外交部作为中国外交政策的建议者、执行者和阐释者，在外交政策制定体系中处于重要的地位。中华人民共和国外交部"贯彻执行国家外交方针政策和有关法律法规，代表国家维护国家主权、安全和利益，代表国家和政府办理外交事务，承办党和国家领导人与外国领导人的外交往来事务"②。外交部所参与的经济外交活动主要包括：谈判和签署条约，参加双边和多边有关经济问题的会谈，参与处理国际经济摩擦的谈判和协商，促进国家间、国家与地区、地区和地区间的经济关系的发展等。外交部在参与国际经济政策的制定时更多是从政治和安全利益的角度加以判断的，与其他国务院的组织部门不同，外交部最少受到国内利益集团的干扰，它宣称代表国家的整体利益，而不是维护特定集团和产业的利益，比如商务部（商业集团）、农业部（农业）、国资委（国有

---

① 中华人民共和国商务部网站，http://www.mofcom.gov.cn（访问时间：2015 年 9 月 12 日）。

② 中华人民共和国外交部网站，http://www.fmprc.gov.cn（访问时间：2015 年 9 月 12 日）。

企业）等。

外交部在对外经济决策系统的地位几经变化，经历了全盛——衰落——复兴几个时期。改革开放以前，中国的国际战略次序中安全利益重于经济利益、国内利益优于国际利益，外交部在外交决策中处于无可挑战的中心地位。1978年以前的很长一段时间里，外交部长一职是由国务院（政务院）总理、副总理、国务委员兼任的，具有较高的政治和行政地位。[①] 90年代以来，外交部由于缺乏处理经济事务的专业能力，也缺乏处理对外经济事务的专门机构，在对外经济决策中有逐渐被边缘化的趋势，在中国参与的一系列国际谈判和外事活动中，外交部都处于从属地位。中国加入世界贸易组织的谈判由当时的对外经贸部所主导；中国参与的国际气候谈判的代表团团长一职则由国家发展和改革委员会的官员担任，外交部虽然在2007年成立应对气候变化对外工作领导小组，派出特别谈判代表参与气候谈判，但其影响力明显低于国家发改委；国资委和商务部则在落实中国企业"走出去"的战略中处于核心地位。最近几年，外交部通过增设机构、职能扩展等措施明显加强了其在对外经济决策中的影响力。2012年10月9日，外交部成立了国际经济司，正式把经济外交列为主要外交职能之一，即可以看作是"复兴"外交部地位的努力。但是对外经济政策具有的跨领域、跨部门决策的特性，某一政府部门完全主导对外经济政策的时代已经一去不复返了，外交部将在对外经济决策中发挥协调作用。

（三）财政部：主管金融和货币外交

财政部主要运用财税手段实施宏观政策调控，控制着中国的税收、财政、债务、金融等政策，在对外经济政策领域里也具有举足轻重的地位。财政部在对外经济政策中的影响力主要体现在国际金融和国际货币领域，但也间接影响国际贸易、对外援助等事务。具体而言，财政部主要通过以下手段影响对外经济政策：第一，国家预算。财政部"负责编

[①] 王存刚：《当今中国的外交政策：谁在制定？谁在影响？——基于国内行为体的视角》，载《外交评论》，2012年第2期，第7页。

制年度中央预决算草案并组织执行",决定中国的财政收支平衡,进而间接对贸易政策和金融政策产生影响。第二,关税手段。财政部负责"研究提出关税和进口税收政策",通过调整商品的进出口关税,促进进出口贸易的平衡发展。第三,开展金融外交。财政部"代表我国政府参加有关的国际财经组织,开展财税领域的国际交流与合作"。亚洲金融危机之后,财政部在推动东亚地区的金融和货币合作发挥了重要作用,集中体现在清迈倡议多边化和东亚货外汇储备库的建立。2008年金融危机之后,G20机制由各国财政和央行行长参与的部长级会议升格为元首会议,中国财政部和中国人民银行积极参与全球金融治理,为中国争取国际金融话语权发挥了重要作用。

随着金融一体化的深入发展,加强金融合作,预防和应对金融危机成为各国外交政策的目标之一。财政部由于其专业能力,在金融外交中起着主导作用,为了更好地开展金融外交,财政部在机构上增设了国际司来应对不断扩展的国际交往空间。但是财政部在金融外交中并不是独一无二的,其权力需要和中国人民银行、外交部等职能部门共同分享。同时,中国开展金融外交的首要目标是服务于国内经济增长和增加国内就业。[①] 金融安全、而非金融自由化,成为中国参与国际金融治理的主要动机,金融外交成为实现国家战略目标的手段,而非目标本身,因此,财政部等部门在对外经济政策中所能发挥的作用受到限制。

(四) 国家发改委

国家发改委负责国内宏观经济稳定,主要通过制定"国民经济和社会发展战略、中长期规划",统筹协调国内经济和社会发展,同时还通过监督和协调等功能对投资、贸易、货币等政策施加影响,特别是在气候谈判、能源外交、海外直接投资领域发挥着主导作用。随着宏观经济稳定在中国对外经济政策考量中的重要性持续上升,国家发改委在对外经济决策中的地位只会上升不会下降。

---

① [美] 肯·米勒 (Ken Miller):《中国新金融外交》,齐煜编译,载《财经文摘》,2010年第9期,第48页。

以海外直接投资为例，发改委负责具体实施"走出去"战略和企业境外投资审批和核准，发改委会同有关部门加强对企业境外投资的宏观指导、主管对外投资项目的立项审批，特别是项目涉及能源开发或大量使用外汇，必须上报国家发改委核准。现行的对境外投资的审批与管理制度是根据2004年7月16日通过的《国务院关于投资体制改革的决定》来确定的。该决定确立了对境外投资管理由审批制向核准制的转变，2014年4月8日，发改委公布《境外投资项目核准和备案管理办法》，明确规定了需要发改委核准的项目投资额度和投资行业。总的来说，为了鼓励更多的企业"走出去"进行海外投资，国务院不断放宽对境外投资的审批权限，但并没有削弱发改委的管理职能，通过对中国企业的海外投资的核准和备案管理，发改委强化了对企业境外投资的宏观指导和投向引导。2006年7月5日，发改委发布了《境外投资产业指导政策》和《境外投资产业指导目录》，在这两个文件中明确规定了鼓励类和禁止类境外投资项目。通过政策支持和资金资助，鼓励企业境外投资项目服务于国民经济发展需要、国内比较优势产业输出和技术研发需求。

（五）其他相关部委

除此以外，农业部、工业和信息化部（以下简称"工信部"）等国务院职能部委在对外经济政策中也起着一定的作用。

农业部是主管农业与农村经济发展的国务院组成部门，承办政府间农业涉外事务，组织有关国际经济、技术交流与合作。[1] 中国的对外开放是全方位、宽领域、多层次的开放，这其中就包括农业领域的开放。在中国加入世界贸易组织前，农产品市场的开放和农业补贴问题一直是争论的焦点，农业成了中国对外开放影响预期最悲观的产业之一。借助于入世谈判，农业部进行了制度扩张，在部内设立了国际司和贸易促进中心，实现了与国际制度的接轨。但是有关农业贸易政策的制定，农业

---

[1] 中国农业部网站，http://www.moa.gov.cn（访问时间：2014年9月15日）。

部需要和商务部、财政部、国家质量监督检查检疫总局等国务院部委进行协商。

工业和信息化部主要围绕工业、通信业和信息化领域开展对外合作与交流，代表国家参加相关国际组织。[①] 工信部所辖产业涉及中国90%的出口商品和70%的投资，是对外经济争端的最多领域。[②] 工信部还参与和推动了双边和区域合作中工业、信息、通信等具体领域的合作。除此以外，文化部、海关总署等部门也依据各自的职能范围积极影响中国对外经济政策的制定。

上述职能部门参与对外经济决策存在诸多缺陷。首先，缺乏全局视野，习惯于从本部门的利益出发，带有狭隘的部门利益。如农业部主要代表国内农业生产者的利益；财政部主要从国内财政收支平衡的角度来思考外交问题；国家发改委负责宏观经济政策的制定和国内经济平衡发展，与国内产业界保持密切的联系，在对外经济政策中常常反映国内产业联盟的政策偏好。其次，多部门参与容易造成对外经济决策的分散化。每个部门都从自己的利益出发参与外交决策，难以形成统一的外交大战略。对外经济决策需要兼顾经济和安全、国内和国际等多重利益，只有从更高层面建立起一个强大、有效的跨部门协调机制，同时在最核心决策层建立咨询和顾问机构，增强最高领导人的外交掌控能力，进而抑制部门利益对宏观经济战略的干扰。

本章小结

对外经济政策的选择总是发生在一定的制度框架之内，国内制度规定了哪些行为体可以参与和影响政策的制定和选择，他们在政治体制中具有什么样的权限和地位，行为体之间基于什么样的模式进行互动。

[①] 中国工信部网站，http://www.miit.gov.cn（访问时间：2015年9月16日）。
[②] 何茂春、张菲：《中国加入世贸组织十年来的经验与教训——以国际规则的认识和运用为视角》，载《北京行政学院学报》，2011年第6期，第80页。

| 观念、利益和制度：国内政治与中国对外经济政策

　　国内制度可以根据稳定性的差异，以及与对外经济政策的相近程度，从纵向上进一步分解：宏观制度、中观制度和微观制度。不同层面的制度对对外经济政策的影响并不相同。宏观制度结构决定了国家和社会力量在国际经济政策领域的力量对比，中国在整体上表现为"强国家"的同时，社会力量的影响力也在不断增强。政策最终是由政府制定出来的，围绕政府展开的权力分配模式构成中观制度。微观层面的国内制度主要是指参与决策的具体行政部门及其地位、权限和偏好。

　　制度并非一成不变，只有从动态的角度去分析制度变迁，才能理解与对外经济政策选择相关的政治活动。上述三个层次的制度变迁既具有关联性，又具有差异性。微观层次的制度变迁相对来说较为频繁，也易受宏观和中观制度变迁的影响。本章重点分析微观层面的制度变迁，一是因为它在制度层面与对外经济决策最为接近，影响也较为直接；二是因为借助微观制度，可以洞悉对外经济政策中的具体、细微的变化，有助于把握宏观经济战略和微观策略的互动。

第六章 结语：国内政治与政策选择

一国的对外经济政策有多个来源，其中有的来自国家利益的诉求，有的来自其他行为体的需求。如何兼顾国家利益和社会利益，始终是政策制定者面临的问题之一。国家作为抽象的行为体，具有不同于其他行为体的政策偏好，理性的国家行为体会维护国家安全利益的最大化。"国家的最终关心不是权力，而是安全"①。作为主权国家的一般行为代表，政府是立法、司法、官僚机构和统治集团组成的。政府既是社会的代表，同时也具有独立的身份和偏好。任何政府的最大利益都是权力，如何获得、执掌和维持权力成为政府的终极目标。对外经济政策具有"分配政治"的效应，国内不同行为体从政策中所获得的收益不同，诉求自然也就不同，社会行为体围绕政策议题折冲纵横亦是常态。社会行为体往往追求自身经济利益的最大化。如何有效整合各种利益偏好和政策诉求，成为对外经济政策决策中不可回避的一个重要问题。

国内政治始终是一国对外经济政策选择面临的最大约束条件。对外经济政策的选择从来都不是一个纯粹的经济问题，国内政治决定了国家选择的空间和途径。本书以中国作为研究案例，通过比较中国对外经济政策的阶段性变化，试图构建一个关联国内政治和对外经济政策选择的

---

① ［美］肯尼思·华尔兹：《国际政治理论》，信强译，上海人民出版社2008年版，第134页。

理论框架。此项研究既有助于全面解释中国对外经济政策的历史变迁和动因，同时也有助于充实比较政治经济学和国际政治经济学的实证研究。本章简要说明论文的基本结论，论文的创新点和理论价值，以及未尽的问题。

一、基本结论

本书的核心论点是**国内政治决定一国的对外经济政策选择**。这里的国内政治，首先，强调国家是异质的，而非同质。异质化国家是和结构现实主义的同质化国家对应而言。在结构现实主义者看来，无论国家规模大小和政治制度如何，各个国家在国际无政府压力下，都会选择高度一致的对外行为。"犹如台球，只是型号不同而已"①。同质化国家概念忽略了政策制定者的偏好，也没有考虑国内利益集团和社会舆论的影响，无法揭示政策决策过程的核心和本质。对外经济政策反映了国家选择何种战略来应对其在国际体系中的位置。应对战略的差异，更多取决于决策者所面临的国内约束条件的不同，即使是国际体系结构的外部压力，也需要借助国内政治才能对决策产生影响。

其次，国家并非单一行为体，他由若干具有不同偏好的行为体组成，共同分享决策权。两类政策行为体的偏好较为重要，一是政治行为体，如官僚机构、政党组织、立法机构、议会机构等；二是社会行为体，如利益集团、社会团体等。政治行为体和社会行为体具有不同的政策偏好，维持权位是政治行为体的主要目标。"任何希望参与公共行动的政治家都要保持或者增加自身权力、权威或者影响力。"② 本书在分析政治行为体的偏好时，引入自主性的概念，指出行政官僚机构具有独

---

① [美] 约翰·米尔斯海默：《大国政治的悲剧》，王义桅等译，上海人民出版社2001年版，第17页。
② Glen.Snyder, Paul Diesing, *Conflict among Nations*, Princeton, N.J.: Princeton University Press, 1977, p.354.

立地位，能够适度隔绝利益集团的压力，具有自主利益。但部门利益的膨胀也是对外经济政策冲突的来源之一。

社会行为体则偏好于能够使其经济利益最大化的经济政策，他会支持那些促进其利益的对外经济政策，而反对那些降低其利益的政策。国家内部的行为体之所以具有不同的政策偏好，是因为他们受到政策的影响有所不同。对外经济政策具有"分配政治"的效应，无论是贸易政策，还是投资政策，政策变化的后果主要发生在一国内部，而非国家之间。不同行为体因为政策变化受到的利益损失不尽相同，对待政策的态度也有所差异。"分配政治"的观点认为，源于利益集团的偏好和压力是对外经济政策和国际合作的决定因素。① 社会行为体的政策偏好不仅取决于他所在的行业和所处的阶级，更为重要的是其结成联盟集体行动的能力。

第三，各个行为体并不拥有同等程度的政治影响力，某些行为体在塑造和影响政策方面具有优势，而另外一些政治行为体则在接近国家权力、影响政策方面处于劣势。制度是政治的突出特征。② 制度决定了偏好如何转化为政策结果。特别是那些与政策选择密切相关的制度，规定了政策制定过程中，哪些行为体掌握何种权力，哪些行为体的偏好容易在政策选择中得到反映。本书中涉及的制度具有"非中立"的特点，他会有选择性地支持特定的行为体。中国的对外经济决策过程中，政治行为体具有社会行为体难以比拟的参与政治的优势，国有企业又比私有企业具有更强的政策影响力。这一切都根植于国内制度的安排，特定的制度有利于特定的行为体，政策选择也会更反映他们的偏好。制度不仅具有偏向性，同时具有"等级性"，越是接近决策权力核心的制度安排越具有决定性的影响，而那些远离决策权力的宏观制度则具有间接的意

---

① Helen. Milner, *Resisting Protectionism: Global Industries and the Politics of International Trader*, Princeton, N.J.: Princeton University Press, 1989, p.329.

② [美]海伦·米尔纳：《利益、制度与信息：国内政治与国际关系》，曲博译，上海人民出版社 2010 年版，第 16 页。

义。所以那些与政策选择相关的微观制度设计成为本书的研究重点。本书在强调中国决策制度的"国家中心主义"特征的同时,也指出决策权力的分散化如何引发部门利益冲突,如何制约国家对外经济政策的整体性和有效性的发挥。

为了更好地理解国内政治和对外经济政策之间的关系,本书首先对改革开放时代中国对外经济政策的调整进行了描述,这种调整既基于政策目标的变化,又体现为政策制定者控制和使用的政策工具的多寡。历史事实是理论分析的前提,只有掌握了详尽的历史事实,理论分析才能有据可依。其次,本书以观念、利益和制度为理论分析框架,逐一阐释他们如何影响政策选择和政策结果。观念总是附着于特定的个体和组织之上,观念借助政策学习影响国家看待世界的方式;并非所有的观念都能对政策结果产生影响,只有那些主导观念和嵌入制度的观念才能赢得对外经济政策的决定权。利益决定行为体的政策偏好。但是利益和观念转化为政策,必须借助于制度安排。制度决定了与决策相关的政治权力的配置。为了更好地理解政治权力在国家和社会之间的分配,本书对国家和社会分别进行分解。对社会的分解是为了说明政策选择的社会支持,对国家的分解是为了说明政策选择的约束条件。政治家的政策选择需要寻求社会的支持,而各种社会力量也需要获得对政治选择的影响,两者基于共同利益形成的政策联盟构成政策制定和执行的国内基础。

二、创新和理论价值

对外经济政策研究属于国家公共政策的组成部分,但由于横跨国内和国际、政治和经济,其影响面之广,是其他公共政策所无法比拟的。传统的政策研究中,存在着政治学和经济学、国际关系学和国内政治学相隔绝的情形,如果不能建立一种综合政治学和经济学的分析框架,则无法理解中国对外经济政策的全部。本书的研究始终坚信:如果没有经济政策的政治原因分析,就无从理解国际经济关系;如果没有国际政策

第六章　结语：国内政治与政策选择

的国内分析，则无从理解国际政治关系。作为一项比较政治经济学领域的研究，本书可能在以下几方面有所发展：

第一，充实了对外经济政策研究的案例分析。长期以来，对外经济政策研究是和"比较资本主义"[①]的主题联系在一起。国际政治经济和比较政治经济领域的学者们主要研究民主政体或政党政治是如何应对国际经济的压力，像中国这样的非西方式民主政体往往由于政治制度的原因而处于学术研究的边缘。世界对中国经济政策模式的研究远远落后于中国对世界经济的影响力。中国在过去30多年的经济增长结果蔚为壮观，从国际经济体系的边缘力量，发展成为国际经济的核心力量。对于研究中国高速发展的和新兴市场经济的学者来说，如何用当代学术方式来解释这个市场经济史上的伟大试验不失为一种使命。中国的经济发展对建立在自由市场经济和西方民主政体之上的主流对外经济政策研究范式提出了挑战：如何看待国家在经济增长中的作用？中国作为"后发展国家"，其应对国际经济变化的政策是否和发达国家有着本质的区别？本书无意于宏大的历史比较，但试图发掘出中国经验的独特性。随着中国在市场经济、开放模式、产业革新等各个领域的快速发展，它提供了一个比较政治经济学研究的鲜明案例。

第二，揭开了中国对外经济决策的"国内政治"暗箱。本书侧重于经济政策的政治分析。长期以来，有关中国对外经济政策的研究集中在"是什么"和"为什么"两个层面，而政策是如何产生的？则言之甚少。而客观的事实却是：中国的外交政策制定越来越难以摆脱国内政治的约束。打开国内政治的暗箱，则意味着不仅关注国家在经济决策中的角色和地位，而要将触角深入国家内部，对国家和社会进行分解，指

[①] 对外经济政策研究的代表性作品几乎都是从比较的视角来研究资本主义的多样性。如[美]彼得·J.卡岑斯坦：《权力与财富之间》，吉林出版集团有限责任公司2007年版；[美]彼得·J.卡岑斯坦：《世界市场中的小国家：欧洲的产业政策》，吉林出版集团有限责任公司2009年版；[美]彼得·古勒维奇：《艰难时世下的政治：五国应对世界经济危机的政策比较》，袁明旭等译，吉林出版集团有限责任公司2009年版；[美]彼得·霍尔：《驾驭经济：英国与法国国家干预的政治学》，刘骥等译，江苏人民出版社2008年版。

出国家并非铁板一块，执政党、技术官僚、行政机构在不同的政策议题领域具有不同的政策倾向，他们会寻求社会行为体的支持，进而在政策交锋时形成跨部门、跨阶层的联盟。通过分析经济政策的国内政治动因，凸显了政治和经济、国内和国际的互动。从政策实践的角度来说，对外经济政策，比较起外交和安全政策，公开化和透明化的程度要高很多，本书的研究有助于完善和优化中国的外交决策机制，提高外交决策的科学化、民主化水平。

第三，立足于中国的实际，构建了一个解释中国对外经济政策变迁的综合分析框架。比较政治经济学的核心问题仍然是制度和偏好之间的关系。尽管学界已经达成共识，认为利益和制度对政策结果都有重要的影响，但学者们的研究往往会强调单一变量，而忽视其他因素。许多"新制度主义"关注制度对政策结果的影响，而忽视行为体利益；新古典政治经济学则强调利益，而忽略了制度的作用。正如威廉姆·里克所言："当我们尝试评估两种力量的相对重要性时，仍然无法清除说明谁更重要。非常可能的是，两种力量都是必要的。如果这样，对社会因果的完全说明必须包括这两方面。"[1] 正是基于这样的考虑，本书同时考虑利益、观念和制度，因为它们对政策结果均有影响。未来的对外经济政策研究也应该寻求更好地融合多种变量的途径，而非单一议程研究。

第四，从动态而非静态的角度研究中国对外经济政策构成本书的一项特色。观念、利益和制度都是具有高度稳定性的概念，即在一个较长的时期内很难发生变化。观念和制度的稳定性特征有助于解释对外经济政策的连续性，但无法对政策变迁中的关键而细微的变化作出有效的解释。本书特别强调观念和制度的断裂性变化对对外经济政策的影响，即使是宏观制度层面的国家—社会关系，随着时间和问题领域也在不断变

---

[1] William Riker, "Implications from the Disequilibrium of Majority Rule for the Study of Institutions", *American Political Science Review*, Vol.74, 1980, p.432.

化,更别说微观层面的决策机制了。只有对经济政策在长期的过程中表现出来的那种"连续性"和"非连续性"特征作出解释,政策研究才具有价值。

三、后续研究问题

学术研究是一个不断解决旧问题,却又产生新问题的过程。本书的研究尚且存在以下一些需要完善的地方:

第一,对外经济政策工具的分析尚不全面,有待完善。对外援助、货币和金融政策作为政策工具之一,在本书的分析中涉及不多。这主要是因为对外经济援助具有战略性的特征,和国家权力密切相关,往往作为外交政策的工具存在,而非中国对外经济政策的主导工具。而货币和金融领域尚未实现真正意义上的开放,这两种政策工具新近才成为政策制定者的常用工具。本书无意于否定国际金融和国际货币政策的重要意义,只是贸易和投资相对于中国的开放模式更具有代表性。近期热议的人民币国际化问题,已经说明货币外交的重要性,希望本书的后续研究能够对此加以完善。

第二,理论模式的解释力仍有待更多的案例加以检验。本书所提出的理论模式主要是基于中国的经验和事实,能否成为一个具有普遍解释力的理论仍是一个疑问。更深入和全面的实证研究对于理论的验证是非常有必要的,特别是对外经济政策的比较研究,有助于我们找到隐藏在不同事实背后的共同联系。目前对外经济政策的比较研究多集中于发达经济体之间,对于中国这样一个"后发展国家"的经验和事实仍有待进一步的挖掘,希望有关中国问题的研究能够成为国际关系理论新的生长点。

第三,本书的讨论严格限定在国内政治层面。由于放弃了考虑国际环境的因素,本书失去了考察最能够体现国家作为普遍利益代言人的机会。尽管有诸多不足,本书仍然认为:为了理论构建的简洁性,对国际力量进行单独讨论或许更为合适。

总之，本书建立了一个连接国内政治和对外经济政策分析的理论框架，这既是对国际关系研究回归"国内政治"传统的一种坚持，同时也是对对外经济政策比较研究的"西方中心论"的纠正，希望本书的研究能够激发学界更多同仁关注国际关系领域"中国问题"的研究，那才是此书写作的最大意义。

参考文献

一、中文著作

1. ［美］阿诺德·沃尔弗斯：《纷争与协作：国际政治论集》，于铁军译，世界知识出版社2006年版。

2. ［美］阿拉斯泰尔·伊恩·约翰斯顿、罗伯特·罗斯：《与中国接触：应对一个崛起的大国》，黎晓蕾等译，新华出版社2001年版。

3. ［美］阿图尔·科利：《国家引导的发展：全球边缘地区的政治权力与工业化》，朱天飚等译，吉林出版集团有限责任公司2007年版。

4. ［美］阿维纳什·K.迪克西特：《经济政策的制定：交易成本政治学的视角》，刘元春译，中国人民大学出版社2004年版。

5. ［美］保罗·克鲁格曼：《地理和贸易》，张兆杰译，北京大学出版社2002年版。

6. ［美］本杰明·J.科恩：《国际政治经济学：学科思想史》，杨毅等译，上海人民出版社2010年版。

7. ［美］彼得·J.卡岑斯坦：《世界市场中的小国家：欧洲的产业政策》，曹海军等译，吉林出版集团有限责任公司2009年版。

8. ［美］彼得·J.卡岑斯坦：《权力与财富之间》，陈刚译，吉林出版集团有限责任公司2007年版。

9. ［美］彼得·J.卡赞斯坦、罗伯特·基欧汉，斯蒂芬·克拉斯纳：《世界政治理论的探索与争鸣》，秦亚青等译，上海人民出版社

2006 年版。

10. ［美］彼得·J.卡赞斯坦：《国家安全的文化：世界政治中的规范与认同》，宋伟等译，北京大学出版社 2009 年版。

11. 薄燕：《国际谈判与国内政治》，上海三联书店 2007 年版。

12. 陈志敏、崔大伟：《国际政治经济学与中国的全球化》，上海三联书店 2006 年版。

13. ［美］大卫·哈维：《新自由主义简史》，王钦译，上海译文出版社 2010 年版。

14. ［美］戴维·S.兰德斯：《国富国穷》，门洪华等译，新华出版社 2001 年版。

15. ［美］丹尼·罗德里克：《探索经济繁荣：对经济增长的描述性分析》，张宇译，中信出版社 2009 年版。

16. ［美］丹尼·罗德里克：《新全球经济与发展中国家：让开放起作用》，王勇译，世界知识出版社 2004 年版。

17. ［美］傅高义：《邓小平时代》，冯克利译，生活·读书·新知三联书店 2013 年版。

18. ［美］傅高义：《先行一步：改革中的广东》，凌可丰译，广东人民出版社 2008 年版。

19. ［美］戈登·克雷格、亚历山大·乔治：《武力与治国方略：我们时代的外交问题》，时殷弘等译，商务印书馆 2004 年版。

20. 郝雨凡、林甦：《中国外交决策：开放与多元的社会因素分析》，社会科学文献出版社 2007 年版。

21. 胡鞍钢：《胡鞍钢与世界对话》，东方出版中心 2010 年版。

22. ［美］贾格迪什·巴格沃蒂：《今日自由贸易》，海闻译，中国人民大学出版社 2004 年版。

23. 江涌：《中国困局：中国经济安全透视》，经济科学出版社 2010 年版。

24. ［美］杰克·斯奈德：《帝国的迷思：国内政治与国际扩张》，于铁军等译，北京大学出版社 2007 年版。

25. [加] 罗伯特·杰克逊、[丹] 乔格·索罗森:《国际关系学理论与方法》,吴勇等译,天津人民出版社 2008 年版。

26. [英] 卡尔·波兰尼:《大转型:我们时代的政治与经济起源》,冯钢等译,浙江人民出版社 2007 年版。

27. [英] 克里斯托弗·希尔:《变化中的对外政策政治》,唐小松等译,上海人民出版社 2007 年版。

28. [美] 肯尼思·奥耶:《无政府状态下的合作》,田野等译,上海人民出版社 2010 年版。

29. [美] 莉萨·马丁、贝斯·西蒙斯:《国际制度》,黄仁伟等译,上海人民出版社 2006 年版。

30. [美] 李侃如:《治理中国:从革命到改革》,胡国成等译,中国社会科学出版社 2010 年版。

31. [美] 理查德·罗斯克兰斯、阿瑟·斯坦:《大战略的国内基础》,刘东国译,北京大学出版社 2005 年版。

32. [澳] 琳达·维斯、[英] 约翰·霍布森:《国家与经济发展:一个比较及历史性的分析》,黄兆辉等译,吉林出版集团有限责任公司 2009 年版。

33. [美] 罗伯特·基欧汉、约瑟夫·奈:《权力与相互依赖》,门洪华译,北京大学出版社 2007 版。

34. [美] 罗伯特·基欧汉:《现实主义及其批判》,郭树勇译,上海人民出版社 2002 年版。

35. [美] 罗伯特·基欧汉:《局部全球化世界中的自由主义、权力与治理》,门洪华译,北京大学出版社 2004 年版。

36. [美] 罗伯特·基欧汉:《霸权之后:世界政治经济中的合作与纷争》,苏长和等译,上海人民出版社 2006 年版。

37. [美] 罗伯特·吉尔平:《全球政治经济学:解读国际经济秩序》,杨宇光等译,上海人民出版社 2006 年版。

38. [美] 罗伯特·杰维斯:《系统效应:政治与社会生活中的复杂性》,李少军等译,上海人民出版社 2008 年版。

39. [美] 罗伯特·杰维斯：《国际政治中的知觉与错误知觉》，秦亚青译，世界知识出版社 2003 年版。

40. [美] 曼瑟·奥尔森：《国家的兴衰：经济增长、滞涨和社会僵化》，李增刚译，上海人民出版社 2007 年版。

41. [美] 曼瑟·奥尔森：《权力与繁荣》，苏长和译，上海人民出版社 2005 年版。

42. [美] 乔尔·S.米格代尔：《强社会与弱国家》，张长东等译，江苏人民出版社 2009 年版。

43. [美] 沈大伟：《中国共产党：收缩与调适》，吕增奎等译，中央编译出版社 2012 年版。

44. 盛洪：《中国的过渡经济学》，格致出版社 2006 年版。

45. [美] 斯蒂芬·范埃弗拉：《政治学研究方法指南》，陈琪译，北京大学出版社 2006 年版。

46. 宋国友：《平衡社会利益和国家安全——政府对外贸易战略选择》，时事出版社 2007 年版。

47. 苏长和：《全球公共问题与国际合作：一种制度的分析》，上海人民出版社 2009 年版。

48. [英] 苏珊·斯特兰奇：《国家与市场》，杨宇光等译，上海人民出版社 2006 年版。

49. 王鸣鸣：《外交政策分析：理论与方法》，中国社会科学出版社 2008 年版。

50. 王绍光：《安邦之道：国家转型的目标与途径》，生活·读书·新知三联书店 2007 年版。

51. 吴敬琏、樊纲：《中国经济 50 人看三十年：回顾与分析》，中国经济出版社 2008 年版。

52. [美] 亚历山大·格申克龙：《经济落后的历史透视》，张凤林译，商务印书馆 2009 年版。

53. 杨帆：《利益集团》，郑州大学出版社 2010 年版。

54. [美] 伊莉莎白·埃克诺米、米歇尔·奥克森伯格：《中国参与世界》，华宏勋等译，新华出版社 2001 年版。

55. [美] 禹贞恩：《发展型国家》，曹海军译，吉林出版集团有限责任公司 2008 年版。

56. [美] 约翰·J.米尔斯海默、斯蒂芬·M.沃尔特：《以色列游说集团与美国对外政策》，王传兴译，上海人民出版社 2009 年版。

57. [美] 约瑟夫·格里科、约翰·伊肯伯里：《国家权力与世界市场：国际政治经济学》，万展鹏译，北京大学出版社 2008 年版。

58 翟东升：《中国为什么有前途：对外经济关系的战略潜能》，机械工业出版社 2010 年版。

59. [美] 詹姆斯·多尔蒂、小罗伯特·普法尔茨格拉夫：《争论中的国际关系理论》，阎学通译，世界图书出版社 2002 年版。

60. [英] 张夏准：《富国的伪善：自由贸易的迷思与资本主义秘史》，严荣译，社会科学文献出版社 2009 年版。

二、中文论文

1. 崔绍忠、刘曙光：《中央政府和地方政府的经济外交职能及其关系》，载《外交评论》，2012 年第 3 期。

2. 江忆恩：《简论国际机制对国家行为的影响》，载《世界经济与政治》，2002 年第 12 期。

3. 江忆恩：《美国学者关于中国与国际组织关系研究概述》，载《世界经济与政治》，2001 年第 8 期。

4. 江忆恩：《中国对国际秩序的态度》，载《国际政治科学》，2005 年第 2 期。

5. 江忆恩：《中国外交政策研究——理论趋势及方法辨析》，载《世界经济与政治》，2006 年第 8 期。

6. 康晓：《利益认知与国际规范的国内化》，载《世界经济与政治》，2010 年第 1 期。

7. 李巍、张玉环：《自由贸易协定的政治经济学研究述评》，载《国际政治研究》，2014 年第 2 期。

8. 林民旺、朱立群：《国际规范的国内化：国内结构的影响及传播机制》，载《当代亚太》，2011年第1期。

9. 马野青、杨禛彦：《东亚自由贸易协定中的轮轴效应及中国应对》，载《中大管理研究》，2015年第8卷。

10. 门洪华：《对中国对外开放战略的若干思考》，载《开放导报》，2008年第3期。

11. 莫盛凯：《没有地区主义的东亚合作》，载《当代亚太》，2014年第2期。

12. 蒲晓宇：《中国与国际秩序的再思考——一种政治社会学的视角》，载《世界经济与政治》，2010年第1期。

13. 曲博：《国际力量、国内政治与对外经济政策选择》，载《教学与研究》，2007年第1期。

14. 盛斌、果婷：《亚太经济一体化进程中的东盟与中国——如何理解RECP与东盟的"中心性"诉求》，载《学术前沿》，2015年的第3期。

15. 时殷弘：《中国的变迁与中国外交战略分析》，载《国际政治研究》，2006年第1期。

16. 宋德星：《后冷战时代大战略缔造特有的困难——兼论中国大战略缔造问题》，载《外交评论》，2008年10月。

17. 宋国友：《基于中国的国际政治经济学研究——问题领域、理论突破和学科弥合》，载《世界经济与政治》，2011年第1期。

18. 宋伟：《中国外交政策研究——西方理论与方法的局限性》，载《外交评论》，2010年第4期。

19. 苏长和：《发现中国新外交：多边国际制度与中国外交新思维》，载《世界经济与政治》，2005年第4期。

20. 苏长和：《国内—国际互动与中国对外关系展开》，载《教学与研究》，2009年第10期。

21. 唐世平：《国际政治的社会进化——从米尔斯海默到杰维斯》，载《当代亚太》，2009年第4期。

22. 唐世平：《国家的学习能力和中国的赶超战略》，载《战略与管理》，2003 年第 5 期。

23. 田野、于敦海：《田野对外经济政策分析的国家主义视角——缘起与流变》，载《外交评论》，2008 年 10 月。

24. 田野：《国际制度对国内政治的影响机制——来自理性选择制度主义的解释》，载《世界经济与政治》，2011 年第 1 期。

25. 王赓武：《中国和国际秩序——来自历史视角的观察》，载《当代亚太》，2009 年第 4 期。

26. 王广涛：《日本 TPP 政策之困》，载《国际政治科学》，2012 年第 4 期。

27. 王缉思：《中国的国际定位问题与"韬光养晦、有所作为"的战略思想》，载《国际问题研究》，2011 年第 2 期。

28. 王正毅、曲博：《汇率制度选择的政治经济分析——三种研究路径比较及其启示》，载《吉林大学社会科学学报》，2006 年第 5 期。

29. 吴白乙：《中国经济外交与外部接轨的持续转变》，载《外交评论》，2008 年第 6 期。

30. 张慧智：《东北亚区域融合：从中韩到中日韩的可能连动》，载《全球政治评论》，2015 年特刊。

31. 钟飞腾：《超越地缘政治的迷思：中国的新亚洲战略》，载《外交评论》，2014 年第 6 期。

32. 钟龙彪：《双层认知与外交调整——以 20 世纪 80 年代中国外交政策调整为例》，载《世界经济与政治》，2009 年第 3 期。

33. 周雪光：《国家治理逻辑与中国官僚体制：一个韦伯理论视角》，载《开放时代》，2013 年第 3 期。

三、外文著作

Daniel W. Drezner ed., *Locating the Proper Authorities: The Interaction of Domestic and International Institutions*, Ann Arbor: The University of Michigan Press, 2003.

David A. Baldwin ed., *Neorealism and Neoliberalism: The Contemporary Debate*, NY: Columbia University Press, 1993.

David Zweig, *Internationalizing China: Domestic Interests and Global Linkages*, Ithaca, NY: Cornell University Press, 2002.

G. John Ikenberry, *Liberal Order and Imperial Ambition: Essays on American Power and World Politics*, Cambridge: Polity Press, 2006.

Gerald Chan, *China and International Organizations: Participation in Non-Governmental Organizations Since 1971*, Hong Kong: Oxford University Press, 1989.

Helen V. Milner, Andrew Moravcsik ed., *Power, Interdependence, and Nonstate Actors in World Politics*, NJ: Princeton University Press, 2009.

Hongyi Lai, *The Domestic Sources of China's Foreign Policy*, London, New York: Routledge, 2010.

Jeanne A. K. Hey, Patrick J. Haney, *Foreign Policy Analysis: Continuity and Change in Its Second Generation*, NJ: Prentice Hall College Div, 1995.

John Baylis, Steve Smith ed., *The Globalization of World Politics: An Introduction to International Relations*, Oxford University Press, 2004.

Ka Zeng ed., *China's Foreign Trade Policy: The New Constituencies*, London and New York: Routledge, 2007.

Khai Leong Ho, Samuel C.Y.Ku, *China and Southeast Asia: Global Changes and Regional Challenges*, Singapore: Institute of Southeast Asian Studies, 2005.

Margaret M. Pearson, *China's New Business Elite: the Political Consequences of Economic Reform*, California: California University Press, 2000.

Paul Sharp, *Diplomatic Theory of International Relations*, New York, NJ: Cambridge University Press, 2009.

Peter B. Evans, Harold Karan Jacobson, Robert D. Putnam, *Double-edged Diplomacy: International Bargaining and Domestic Politics*, California: University of California Press, 1993.

Samuel S. Kim, *China, the United Nations, and World Order*, NJ: Princeton University Press, 1979.

Scott Kennedy, *Beyond the Middle Kingdom: Comparative Perspectives on China's Capitalist Transformation*, California: Stanford University Press, 2011.

Scott Kennedy, *The Business of Lobbying in China*, Cambridge: Harvard University Press, 2005.

Stephen D. Krasner, *International Regime*, Beijing University Press, 2005.

Stephen D. Krasner, *Power, the State, and Sovereignty: Essays on International Relations*, London: Routledge, 2009.

Thomas Risse-Kappen ed., *Bringing Transnational Relations Back In: Non-state Actors, Domestic Structure, and International Institutions*, Cambridge: Cambridge University Press, 1995.

Valerie M. Hudson, *Foreign Policy Analysis: Classic and Contemporary Theory*, Rowman & Littlefield Publishers, 2006.

Victor C. Shih, *Factions and Finance in China: Elite Conflict and Inflation*, New York, NY: Cambridge University Press, 2008.

Vinod K. Aggarwal and Seungjoo, Lee (eds.), *Trade Policy in the Asia-Pacific: The Role of Ideas, Interests, and Domestic Institutions*, The Political Economy of the Asia Pacific, New York: Springer, 2011.

Yasheng Huang, *Capitalism with Chinese Characteristics: Entrepreneurship and the State*, Cambridge: Cambridge University Press, 2008.

Yong Deng, *China's Struggle for Status: The Realignment of International Relations*, Cambridge: Cambridge University Press, 2008.

四、外文论文

Andreas Nölke and Tobias ten Brink, "Domestic Structures, Foreign Economic Policies and Global Economic Order: Implications from the Rise of Large Emerging Economies", *European Journal of International Relations*, Vol. 21, No.3, 2015.

Alastair Iain Johnston, "Treating International Institutions as Social Environments", *International Studies Quarterly*, Vol.45, No.3, December 2001.

Alastair Lain Johnston, "Chinese Middle Class Attitudes Towards International Affairs", *The China Quarterly*, No.179, September 2004.

Amitav Acharya, "How Ideas Spread: Whose Norms Matter? Norm Localization and Institutional Change in Asian Regionalism", *International Organization*, Volume 58, Issue 2, April 2004.

Amitav Acharya, "Ideas, Identity, and Institution-building: From the 'ASEAN Way' to the 'Asia-Pacific Way'", *The Pacific Review*, Volume 10, Issue 3, 1997.

Amitav Acharya, "The Emerging Regional Architecture of World Politics", *World Politics*, Vol.59, Issue 4, July 2007.

Andrew P. Cortell and Susan Peterson, "Altered States: Explaining Domestic Institutional Change", *British Journal of Political Science*, Vol.29, No.1, Jan.1999.

Antonio Postigo, "Institutional Spillovers from the Negotiation and the Formulation of East Asia Free Trade Agreements", *Review of International Political Economy*, Vol.20, Jan. 2016.

Daniel Verdier, "Multilateralism, Bilateralism, and Exclusion in the Nuclear Proliferation Regime", *International Organization*, Vol. 62, No. 3, July 2008.

David A. Lake, "Beyond Anarchy: The Importance of Security Institutions", *International Security*, Vol.26, No.1, Summer 2001.

David A. Lake, "The New Sovereignty in International Relations", *International Studies Review*, Vol.5, No.3, September 2003.

David A. Lake, "American Hegemony and the Future of East-West Relations", *International Studies Perspectives*, Vol.7, No.1, February 2006.

David Bachman, "The Limits on Leadership in China", *Asian Survey*,

Vol.32, No.11, Nov.1992.

David Shambaugh, "China Engages Asia: Reshaping the Regional Order", *International Security*, Vol.29, No.3, Winter 2004/05.

David Shambaugh, "China Engages Asia", *International Security*, Vol.29, No.3, Winter 2004.

Edward D. Mansfield, Diana C. Mut, "Support for Free Trade: Self-Interest, Sociotropic Politics, and Out-Group Anxiety", *International Organization*, Vol.3, 2009.

Edward D. Mansfield and Eric Reinhardt, "International Institutions and the Volatility of International Trade", *International Organization*, Vol.62, Fall 2008.

Edward D. Mansfield, "Review: International Institutions and Economic Sanctions", *World Politics*, Vol.47, No.4, Jul.1995.

Frank Gaenssmantel, "Interpreting Change: International Challenges and Variations in Foreign Policy Beliefs as Explanations for Shifts in China's Policy towards the European Union", *International Relations*, Vol.29, No.3, 2015.

Frank Schimmelfennig, "Strategic Calculation and International Socialization: Membership Incentives, Party Constellations, and Sustained Compliance in Central and Eastern Europe", *International Organization*, Vol.59, No.4, Fall 2005.

Glenn H. Snyder, "Security Dilemma in Alliance Politics", *World Politics*, Vol.36, No.4, Jul.1984.

Gregory Chin & Richard Stubbs, "China, Regional Institution-building and the China-ASEAN FTA", *Review of International Political Economy*, Vol.18, No.3, August 2011.

Gregory Chin, Margaret M. Pearson, Wang Yong, "Introduction—IPE with China's Characteristics", *Review of International Political Economy*, July

25, 2014.

Guiguo Wang, "China's FTAs: Legal Characteristics and Implications", *The American Journal of International Law*, Vol.105, No.3, July 2011.

Helen V. Milner and Dustin H. Tingley, "The Political Economy of US Foreign Aid: American Legislators and the Domestic Politics of Aid", *Economics & Politics*, Volume 22, Issue 2, July 2010.

Helen V. Milner and Dustin H. Tingley, "Who Supports Global Economic Engagement? The Sources of Preferences in American Foreign Economic Policy", *International Organization*, Volume 65, Issue 1, January 2011.

Hidetaka Yoshimatsu, "Diplomatic Objective in the Trade Politics: The Development of the China-Japan-Korea FTA", *Asia-Pacific Review*, Vol. 22, No.1, 2015.

HongyiLai, "Behind China's World Trade Organization Agreement with the USA", *Third World Quarterly*, Vol.22, No.2, 2001.

Jack S. Levy, "Learning and Foreign Policy: Sweeping a Conceptual Minefield", *International Organization*, Vol.48, No.2, Spring 1994.

Jae Ho Hwang and Chen Dongxiao, "China's Harmonious Asia Strategy", *International Area Review*, Vol.13, No.2, 2010.

Jae Ho Chung, "Studies of Central-Provincial Relations in the People's Republic of China: A Mid-Term Appraisal", *The China Quarterly*, No.142, Jun.1995.

Jeffry A. Frieden, "Invested Interests: The Politics of National Economic Policies in a World of Global Finance", *International Organization*, Vol.45, No.4, Autumn 1991.

John Gerard Ruggie, "International Regimes, Transactions, and Change: Embedded Liberalism in the Postwar Economic Order", *International Organization*, Volume 36, Issue 2, Spring 1982.

Jonathan E. Davis, "From Ideology to Pragmatism: China's Position on

Humanitarian Intervention in the Post-Cold War Era", *Vanderbilt Journal of Transnational Law*, Vol.44, March 2011.

Kalpana Misra, "Neo-left and Neo-right in Post-Tiananmen China", *Asian Survey*, Vol.XLIII, No.5, September/October 2003.

Kerry A.Chase, "Protecting Free Trade: The Political Economy of Rules of Origin", *International Organization*, forthcoming, 2008.

Kym and Erson, Jikun Huang, "Will China's WTO Accession Worsen Farm Household Incomes?", *China Economic Review*, Vol.15, Issue 4, 2004.

M.Patrick Cottrell, "Legitimacy and Institutional Replacement: The Convention on Certain Conventional Weapons and the Emergence of the Mine Ban Treaty", *International Organization*, Vol.2, 2009.

Madanmohan Ghosh, Someshwar Rao, "Chinese Accession to the WTO: Economic Implications for China, other Asian and North American Economies", *Journal of Policy Modeling*, Vol.32, Issue 3, May-June 2010.

Margaret M. Pearson, "Domestic Institutional Constraints on China's Leadership in East Asian Economic Cooperation Mechanisms", *Journal of Contemporary China*, Vol.19, No.66, September 2010.

Matt Ferchen, "Whose China Model Is It Anyway? The Contentious Search for Consensus", *Review of International Political Economy*, Vol.20, No.2, 2013.

Ming Wan, "The Great Recession and China's Policy Toward Asian Regionalism", *Asian Survey*, Vol.50, No.3, May/June 2010.

Min Ye, "Policy Learning or Diffusion: How China Opened to Foreign Direct Investment", *Journal of East Asian Studies*, Vol.9, No.3, September 2009.

Peter M.Haas, "Introduction: Epistemic Communities and International Policy Coordination", *International Organization*, Vol.46, No.1, Winter 1992.

RahulMukherji, "Ideas, Interests, and the Tipping Point: Economic Change in India", *Review of International Political Economy*, Vol. 20,

No.2,2013.

Razeen Sally, "Free Trade Agreements and the Prospects for Regional Integration in East Asia", *Asian Economic Policy Review*, Vol.1, 2006.

Richard E. Baldwin, "Multilateralising Regionalism: Spaghetti Bowls as Building Blocs on the Path to Global Free Trade", *The World Economy*, Vol.29, No.11, November 2006.

Robert O. Keohane, Stephen Macedo and Andrew Moravcsik, "Democracy-Enhancing Multilateralism", *International Organization*, Vol.63, Winter 2009.

Ryan Kennedy, "Fragment of Economic Accountability and Trade Policy", *Foreign Policy Analysis*, Volume 3, Issue 2, April 2007.

S. M. Shafaeddin, "Is China's Accession to WTO Threatening Exports of Developing Countries?", *China Economic Review*, Vol.15, Issue 2, 2004.

Samuel S. Kim, "International Organizations in Chinese Foreign Policy", *Annals of the American Academy of Political and Social Science*, Vol. 519, Jan. 1992.

Scott Kennedy, "China's Porous Protectionism: The Changing Political Economy of Trade Policy", *Political Science Quarterly*, Vol. 120, No. 3, Fall 2005.

Stephan Haggard and Beth A. Simmons, "Theories of International Regimes", *International Organization*, Vol.41, No.3, Summer 1987.

Stephen M. Walt, "International Relations: One World, Many Theories", *Foreign Policy*, No.110, Special Edition: Frontiers of Knowledge, Spring 1998.

Stephen R. Hurt, "Cooperation and Coercion? The Cotonou Agreement between the European Union and ACP States and the End of the Lome Convention", *Third World Quarterly*, Vol.24, No.1, 2003.

Stephen Robert Buzdugan, "Regionalism from without: External Involvement of the EU in Regionalism in South Africa", *Review of International Political Economy*, Vol.20, No.4, 2013.

Susan L. Shirk, "Playing to the Provinces: Deng Xiaoping's Political

Strategy of Economic Reform", *Studies in Comparative Communism*, Vol.23, No.3-4, Autumn-Winter 1990.

Susanne Lohmann and Sharyn O'Halloran, "Divided Government and U.S. Trade Policy: Theory and Evidence", *International Organization*, Vol.48, No.4, Autumn 1994.

Thomas Bernauer, "The Effect of International Environmental Institutions: How We Might Learn More", *International Organization*, Vol.49, No.2, Spring 1995.

Thomas B. Pepinsky, "The Domestic Politics of Financial Internationalization in the Developing World", *Review of International Political Economy*, Vol.20, No.4, 2013.

Thomas Wright, "Toward Effective Multilateralism: Why Bigger May Not Be Better", *The Washington Quarterly*, Vol.32, No.3, 2009.

Ukunoki, H. and Tachi, K., "Multilateralism and Hub-and-Spoke Bilateralism", *Review of International Economics*, Vol.14, 2006.

Wei, Z., "Regional Trade Liberalization: A Theoretical Review of Dynamic Time-path and Stability Issues", *Asian-Pacific Economic Literature*, Vol.25, 2011.

Wing Thye Woo, "Recent Claims of China's Economic Exceptionalism: Reflections Inspired by WTO Accession", *China Economic Review*, Vol.12, Issues 2 – 3, Summer 2001.

Xiaokai Yang, "China's Entry to the WTO", *China Economic Review*, Vol.11, Issue 4, Winter 2001.

Yang Jiang, "Changing Patterns of Chinese Policy-making on Regionalism", *The Copenhagen Journal of Asian Studies*, Vol.28, Issue 1, 2010.

Zhu WenLi, "International Political Economy from a Chinese Angle", *Journal of Contemporary China*, Vol.10, Issue 26, 2001.

五、其他

Amitav Acharya,"Regionalism and Integration: EU and Southeast Asian Experiences",http://Bertelsmann-stiftung.de.

Chunding Li,Jing Wang,John Whalley,"China's Regional and Bilateral Trade Agreements",NBER Working Paper Series,No.19853,January 2014.

C.Fred Bergsten and Jeffrey J.Schott,"Submitted to the USTR in Support of a Trans-Pacific Partnership Agreement",Peterson Institute for International Economic,January 25,2010.

David A.Lake,"The State and International Relations",http://ssrn.com/abstract=1004423.

Hai Wen,"The WTO and China's Objectives as a Trading Power",Beijing: China Center for Economic Research,Peking University,1997.

Hasmik Hovhanesian and Heghine Manasyan,"South Caucasus-People's Republic of China Bilateral Free Trade Agreements: Why It Matters",ADB Working Paper Series on Regional Economic Integration,No.125,Jan.2014.

MinXin Pei,"Assertive Pragmatism: China's Economic Rise and Its Impact on Chinese Foreign Policy",IFRI Proliferation Papers,Fall 2006.

Peter A.Petri,"Multitrack Integration in East Asian Trade: Noodle Bowl or Matrix?",http://ssrn.com/abstract=1302443.

Yang Jiang,"China's Free Trade Agreements: Domestic Constraints and International Learning",http://www.waseda-giari.jp/sysimg/imgs/200808si_15_yang_paper.pdf.

Swaran Singn,"China's Quset for Multilateralism: Perspectives from India",http://www.sciencedirect.com/.

Stephen Olsen and Clyde Prestowitz,"The Evolving Role of China in International Institutions",The U.S.-China Economic and Security Review Commission,January 2011.

Thomas Wright,"On Reforming the International Order",Policy Analysis

Brief of the Stanley Foundation, February 2009.

  Youngmi Choi, "Political Economy of Free Trade Agreements in China, Japan, and South Korea: Sectoral and National Security Politics of the FTA Wave", UWM Digital Commons Theses and Dissertations, University of Wisconsin Milwaukee, August 2013.

图书在版编目（CIP）数据

观念、利益和制度：国内政治与中国对外经济政策／
柳彦著. —北京：中央编译出版社，2017.2
ISBN 978-7-5117-3243-9

Ⅰ.①观… Ⅱ.①柳… Ⅲ.①政治-研究-中国 ②对外
经济政策-研究-中国 Ⅳ.①D6 ②F125.1

中国版本图书馆 CIP 数据核字（2017）第 011021 号

观念、利益和制度：国内政治与中国对外经济政策

出 版 人：	葛海彦
出版统筹：	贾宇琰
责任编辑：	侯天保
责任印制：	尹 珺
出版发行：	中央编译出版社
地　　址：	北京西城区车公庄大街乙 5 号鸿儒大厦 B 座（100044）
电　　话：	(010) 52612345（总编室）　　(010) 52612339（编辑室）
	(010) 52612316（发行部）　　(010) 52612317（网络销售）
	(010) 52612346（馆配部）　　(010) 55626985（读者服务部）
传　　真：	(010) 66515838
经　　销：	全国新华书店
印　　刷：	北京时捷印刷有限公司
开　　本：	787 毫米×1092 毫米　1/16
字　　数：	175 千字
印　　张：	11
版　　次：	2017 年 2 月第 1 版第 1 次印刷
定　　价：	45.00 元

网　　址：	www.cctphome.com　　邮　箱：cctp@cctphome.com
新浪微博：	@中央编译出版社　　微　信：中央编译出版社（ID：cctphome）
淘宝店铺：	中央编译出版社直销店（http://shop108367160.taobao.com）　(010) 55626985

凡有印装质量问题，本社负责调换。电话：(010) 55626985